JN125390

おうちでカフェ気分！

パリのひと皿ごはん

Assiettes composées à la maison

はじめに
Introduction

　フランス人の普段の食生活は実に質素です。フランス料理というとトリュフやフォアグラなど高級食材を使った豪華な料理を思い浮かべる方が多いと思いますが、それはハレの日に出かけるレストランでの食事。普段は、パスタだけ、サラダにチーズだけ、スープにパンだけというのがほとんどで、料理ではなく、むしろじっくり時間をかけて「食を楽しむ」ことを大切にしています。

　「食を楽しむ」方法は、おしゃれをしてレストランに行ったり、おいしいデリバリーを注文したり、家で手料理を味わったりといろいろあって、フランス人はそのあたりを実にうまく切り替えているなあ、とつくづく感心します。

　今、日仏ともに働いている女性が多く、忙しい毎日を送っています。私自身も料理するのは大好きですが、一日中お店のキッチンで働き、家に走って帰宅した後、またこれから作らなければならないのかー！と、うんざりすることがあります。そんな日、わが家では簡単な料理でも、見た目も楽しめて、しかも後片付けも簡単なひと皿で完結するごはんが多く登場しています。

　こんなこともヒントに、本書では、ひと皿に前菜、主菜、デザートなどすべてのせて、ちょっとカフェ風？ おべんとう風？ にワクワクするような小さなフルコースを考えてみました。

　料理は、生粋のフレンチのほかに、フランス人の夫と娘のために常日頃作っている家庭料理もいくつかご紹介しています。材料は日本でも身近な食材を選びました。むずかしい技術も調理器具も特に必要ありません。

　私はパティシエール（お菓子職人）なので、しっかり計量してレシピに沿って作り上げていくお菓子にこだわりますが、料理はその日の気分やアイデア、センスで幅がぐんと広がる気がします。

　コロナ禍でおうちでの食事が多くなり、安心してレストランや旅行を楽しめないという日々の中、この本で少しでもフランスを感じ、また実際に作ってパリの食の楽しみを味わっていただけたら、大変うれしく思います。

マリコ・デュプレシ

Sommaire

目次

Partie 4

白ワインに合うひと皿 76

Partie 5

赤ワインに合うひと皿 92

A propos
コラム

〈本書の使い方〉
●卵は基本的にMサイズを使用しています。●バターは特に表記がない場合は、有塩です。●砂糖は特にことわりがない場合は、上白糖または、グラニュー糖を使用しています。●オーブンの温度と焼き時間は目安です。機種や大きさによって異なりますので、様子を見ながら加減してください。●電子レンジは500Wを基本にしています。600Wの場合は0.8倍が目安の時間です。●火加減で特にことわりがない場合は中火です。

Partie 1

朝食&ランチ

Petit-déjeuner et déjeuner

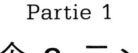

パリの朝食というと、カフェオレとクロワッサンが定番です。ランチもバゲットサンドイッチやパスタなどシンプルなメニューが多いなか、ちょっとおしゃれなカフェやサロン・ド・テでは野菜たっぷりのサラダプレートやスーププレートが人気を集めています。ここでは、明るい陽射しが注ぐカフェのテラス席で、朝食やブランチ、ランチをゆっくりと楽しむようなイメージでメニューをそろえました。一つひとつは、身近な材料で簡単に作れる料理ばかりなので、普段の日でも気軽に作れます。

たっぷり野菜のスープでひと皿

Assiette composée de légumes et soupe

Menu

ミニトマトとモッツァレラチーズのサラダ (p.10)
たっぷり野菜のスープ (p.10)
いちじくのパン（市販品）
ぶどう、洋梨

たっぷり野菜のスープでひと皿レシピ

きちんと野菜を食べたい日のプレートです。ブイヨン味のスープに、
ピストゥ（バジルのペースト）で香りとコクをプラス。パンとサラダとフルーツを添えました。

ミニトマトと
モッツァレラチーズのサラダ (p.09)
Salade tomate cerise mozzarelle

彩りもよく味の濃いミニトマトとモッツァレラチーズ、ロケット（ルッコラ）の組み合わせ。大きいチーズなら、スライスしてトマトと同じ大きさに。

Ingrédients 材料（2人分）

ロケット（ルッコラ）	1パック
ミニトマト	5〜6個
モッツァレラチーズ	1/2個（50g）
塩・こしょう	各適量
オリーブオイル	適量
白ワインビネガー	適量

Recette 作り方

1. ロケットはさっと洗って水気をきる。トマト、チーズとともに食べやすい大きさに切って、器に盛り付ける。
2. 塩、こしょう、オリーブオイル、ワインビネガーをふる。

たっぷり野菜のスープ (p.09)
Soupe de légumes

温めなおすと味がなじんでおいしくなるので、前日に作るのがおすすめ。ピストゥではなく、トマトを多く入れたり、牛乳を入れたりと味替わりも楽しめます。

Ingrédients 材料（2人分）

トマト	1個
さやいんげん	10本
にんじん	1/2本
玉ねぎ	1/2個
セロリ	1/2本
ブイヨンキューブ	1個
塩・こしょう	各適量
ローリエ	1枚
ピストゥ（バジルのペースト）	適量

Recette 作り方

1. トマト、にんじん、玉ねぎは小さな角切りにする。セロリは筋を取り、さやいんげんはなり口の部分を切って同様に切る。
2. 鍋に、**1** とひたひたになるくらいの水（分量外）、ローリエを入れ火にかける。煮立ったら、ブイヨンキューブを加え、弱火で30分煮る。
3. 塩とこしょうで味を調える。
4. 器に盛り、好みの量のピストゥを加える。

Dressage d'assiette 盛り付け
皿にそれぞれの器に入れたスープとサラダをのせる。軽くトーストしたいちじくのパン（市販品）と好みのフルーツを添える。

ピストゥ
イタリアではジェノヴェーゼと呼ばれ、バジルのペーストと松の実、オリーブオイルで作ったペーストのこと。パスタソースとして使われています。

パンペルデュ・シュクレでひと皿レシピ

パンペルデュ・シュクレは甘いフレンチトーストのこと。メープルシロップを添えて、
わが家でもよく朝食に作ります。サラダ、ヨーグルト、いちごのスムージーと組み合わせました。

パンペルデュ・シュクレ (p.12)
Pain perdu sucré

パンはバゲットや食パンなど、どのタイプでも。やわ
らかい状態なら卵液に浸してすぐ作れます。メープル
シロップやホイップクリーム、フルーツはお好みで。

Ingrédients 材料（2人分）

┌ 卵	………………………………………	2個
│ 牛乳	………………………………………	100ml
A 砂糖	………………………………………	大さじ1
└ バニラエッセンス	………………………………	少々
バゲット	……………………	2cmの厚さ4切れ
バター	………………………………………	適量
ホイップクリーム	…………………………………	好み
好みのフルーツ	……………………………………	適量
メープルシロップ	…………………………………	好み
ミントの葉	…………………………………………	好み

Recette 作り方

1. バットに **A** を入れて混ぜ、卵液を作る。
2. 卵液にバゲットを両面浸す。少しかたい場合は、20
分以上浸すといい。
3. フライパンにバターを入れて中火で熱し、バターが溶
けたら**2**を入れる。弱火で片面約3分、裏返して約3分、
両面を焼く。
4. 器に盛り、好みでメープルシロップやホイップクリー
ム、フルーツ、ミントの葉を飾る。

ミックスグリーンサラダ
フレンチドレッシング (p.12)
Salade verte mélangée vinaigrette à la française

基本のドレッシングは、応用でマスタードや刻んだ
ハーブ、すりおろしたしょうがを加えたり、ワインビ
ネガーをレモン汁やオレンジ汁に代えたりしても。

Ingrédients 材料（2人分）

ミックスリーフ	…………………………………	1/2袋
ローストアーモンドスライス	…………………	適量
フレンチドレッシング		
┌ 塩	……………………………………	小さじ1/4
│ こしょう	……………………………………	適量
│ 白ワインビネガー	………………………………	大さじ1
└ オリーブオイル	…………………………………	大さじ3

Recette 作り方

1. ミックスリーフを食べやすい大きさにして盛り付
け、ローストアーモンドを散らす。
2. ドレッシングを作る。ボウルに塩、こしょう、ワイ
ンビネガーを入れて混ぜる。塩が溶けたらオリーブオ
イルを加え、よく混ぜる。
3. 食べる直前にサラダにドレッシングをかける。

Dressage d'assiette 盛り付け

皿にパンペルデュ・シュクレとサラダ、別の器
に入れたヨーグルト＆キウイを盛り、いちごの
スムージー（市販品）を添える。

パンペルデュ・シュクレでひと皿

Assiette composée de pain perdu sucré

Menu

ミックスグリーンサラダ　フレンチドレッシング (p.11)

パンペルデュ・シュクレ　メープルシロップ添え (p.11)

キウイ＆ヨーグルト

いちごのスムージー（市販品）

Point

パンは両面を返しながら卵液をしみ込ませるのがコツ。

パンペルデュ・シュクレは、中村江里子さんのライフ
スタイルマガジン『セゾン・ド・エリコ』（扶桑社）
の創刊号で撮影（2014年）。

具だくさんの塩味マフィンでひと皿レシピ

ベーコン入りのマフィンに、いちごドレッシングをかけた小エビとアボカド、
グレープフルーツのサラダ、温かいにんじんのポタージュと、彩りが美しいプレートです。

小エビとアボカドのサラダ (p.16)
Salade de crevettes et avocat

みずみずしいグレープフルーツやオレンジ、パイナップルはサラダに合います。小エビの代わりにホタテや鯛、白身魚のお刺身でも、どうぞ。

Ingrédients 材料（2人分）

きゅうり	1/2本
アボカド	1/4個
ミニトマト	6個
グレープフルーツ	1/2個
ゆでた小エビ	80g
飾り用ディル	好み
いちごドレッシング	
いちご	5〜6粒
オリーブオイル	大さじ2
レモン汁	大さじ2
塩	小さじ1/2

Recette 作り方

1. きゅうり、アボカドはひと口大に、トマトは半分に切る。グレープフルーツは皮と薄皮をむく。
2. ドレッシングは材料を合わせ、ハンドブレンダーにかける。なければ、いちごを裏ごしし、ほかの材料を加えてよく混ぜ合わせる。
3. 皿に 1 の野菜、エビを並べてドレッシングを添え、食べる直前にかける。好みでディルを飾る。

にんじんのポタージュ (p.16)
Velouté de carottes

にんじんの自然な甘みがおいしいポタージュ。じゃがいもやカリフラワー、かぼちゃでも同様に作れます。コクがほしい時は、仕上げに生クリーム少々をプラス。

Ingrédients 材料（2人分）

玉ねぎ	1/4個
にんじん	1本
バター	大さじ1
水	2カップ
ブイヨンキューブ	1個
塩・こしょう	各適量
しょうがのすりおろし	小さじ1/2
オレンジの皮すりおろし	少々

Recette 作り方

1. 玉ねぎはみじん切り、にんじんは縦半分に切ってから薄切りにする。
2. 鍋にバターを熱し、1 を入れて炒める。玉ねぎが透き通ってきたら水、ブイヨンキューブを加え、約 20 分煮る。にんじんがやわらかくなったら、火を止め、ハンドブレンダーかミキサーでなめらかにする。
3. 再び温めて塩、こしょうで味を調え、しょうがを加え混ぜる。
4. 器にスープを注ぎ、好みでオレンジの皮をふる。

具だくさんの塩味マフィン (p.16)
Muffins salés

塩味のマフィン、マフィン・サレは、同じ生地をローフ型で焼けば、ケーク・サレになります。ベーコンの塩味が甘い
ドライフルーツや生地と混ざって甘じょっぱい味になり、食事にはぴったり！ ツナ缶やオリーブ、ケッパー、グリー
ンピースを入れたり、チーズもプロセスチーズやチェダーチーズに替えても。

Ingrédients 材料(直径6cmのマフィン型6個分)

ベーコンの薄切り ………………… 4枚
ドライアプリコット ……………… 3個
パイナップル缶の輪切り ……………… 2枚
クリームチーズ……………… 100g
イタリアンパセリのみじん切り ……………1枝分

粉類

薄力粉 ……………………… 150g
コーンスターチ ……………………… 20g
ベーキングパウダー ……………… 小さじ1
塩 ……………………………… 小さじ1/2
粗びきこしょう ……………………… 少々
バター（食塩不使用）……………… 80g
砂糖 ……………………………… 20g
卵 ……………………………… 2個
牛乳 ……………………………… 100ml

Recette 作り方

1. ベーコンとアプリコット、パイナップルは 5mm 角、
クリームチーズは 2cm 角に切り、半分に分けておく。
2. 粉類はふるい合わせる。卵は割りほぐす。バターは
室温に戻す。型にペーパーケースを敷く。オーブンは
180℃に予熱する。
3. ボウルにバターを入れ、泡立て器で混ぜる。なめら
かになったら砂糖を加え、白っぽくなるまで混ぜる。
4. 卵を 2 ～ 3 回に分けて加え、よくなじませる。牛
乳を加え混ぜる。
5. 木べらに替えて **2** の粉類を加える。練らないように
生地を底から持ち上げるようにしながら、全体をさっ
くりと混ぜる。
6. **1** の半量とイタリアンパセリを加え、軽く混ぜる。
7. **2** の型に **6** の生地をスプーンで落とし入れ、残りの
1 を上にのせる。
8. オーブンに入れて約 20 分、竹串を刺して何もつか
なくなるまで焼く。

> **Dressage d'assiette** 盛り付け
>
> 皿にサラダとマフィン、別の器に入れたポター
> ジュをのせ、ドレッシングをあしらう。

具だくさんの塩味マフィンでひと皿

Assiette composée de muffins salés

Menu

小エビとアボカドのサラダ (p.14)
にんじんのポタージュ (p.14)
具だくさんの塩味マフィン (p.15)

朝食にもおすすめの塩味マフィン
は、ベーコン、ドライアプリコッ
ト、パイナップルの缶詰、クリー
ムチーズ、イタリアンパセリ入り。

いちごとオリーブオイルで作るド
レッシングはフルーツと魚介のサ
ラダによく合います。いちごのな
い季節は、オレンジやキウイ、マ
ンゴーでも。

フランスのパン事情あれこれ

　フランスのパンといえば、一番人気はやはりバゲット（Baguette parisienne）です。

　バゲットにも様々な種類があるのですが、基本的に 65cm 前後の長くてクラストの香ばしいパンをさします。このバゲットには「杖」とか「棒」とかいう意味があり、実は日本のお箸もフランスではバゲットと呼ばれているのです。

　パン屋さんの店先では「そっちのよく焼けた方がいいわ」とか、「あまり焼き色の濃くないのをお願い」とか、それぞれ自分のこだわりで注文をしているのを耳にします。お店から出てきたばかりの人がバゲットの端っこをかじりながら歩いているのもよく見かけますが、これこそフランスっぽい光景だなあといつも思います。

　新聞で見た統計によると、10 人中 9 人は毎日新鮮なパンを食べるのだそうです。ちなみに私のお店で出すバゲットもセレクトしたパン屋さんから毎日購入しています。

　もちろんバゲットばかりでなく、保存のきくタイプで田舎風パン（Pain de campagne）、ライ麦パン（Pain de seigle）、ふすまパン（Pain de son）なども数多く存在します。このコロナ禍で外出するのに気が引けるような状況下でも、パン屋さんの前ではみんな間隔をあけながら黙って並んでいる姿を見て、改めてフランス人って本当にパンが好きなのだなあ、と思いました。

　ただ、最近はグルテンアレルギーの問題や糖質オフのダイエット志向で、消費は減る傾向もあるようです。特に若い女性は体のラインを気にしてかパンを食べなくなったと聞いたことがあります。日本のお米と同じ感じですね。

　その一方で、こだわりのパン屋さんが少しずつ増えています。自家製天然酵母を使ったパンや古代小麦、そば粉、大麦、シリアルなど素材や製法にもこだわり、時間をかけて作ったこだわりパンが人気を呼んでいます。また、バンズやベーグルなど外国由来のパンもスーパーで見かけるようになってきました。日本ならではの食パン屋さんもパリに出店しています。

　と、ここまで食事パンについて書きましたが、フランスでは Pain とは食事パンのことのみをさし、菓子パンについてはヴィエノワズリー（Viennoiserie）と呼んでカテゴリー上は区別しています。フランスのパン屋さんは日本に比べて菓子パンの種類が少ないのが、私にとってはちょっと残念です。

　いずれにしても、あんぱんやメロンパンなど日本の菓子パンが好きな娘と私は、日本に行った際にいろいろなパン屋さんに行くのを実は何よりも楽しみにしているのです。

そば粉のガレットでひと皿レシピ

そば粉のガレットはランチやディナーのメイン料理にして、サラダやスープと組み合わせましょう。
具はハムとチーズ、目玉焼き、ラタトゥイユなどもよく合います。

きのことハム添え、そば粉のガレット (p.20)
Galette champignons jambon

ガレットは、そば粉入りの食事用クレープのこと。ブルターニュ地方の郷土料理です。焼く時は、クレープ専用のものか底が平らなフライパン、またはホットプレートを使ってください。生地は最低でも2〜3時間、できればひと晩寝かせるのがコツ。全体がなじんで均一になり、薄く上手に焼くことができます。

Ingrédients 材料(2人分)

そば粉のガレット（作りやすい分量／4〜5枚分）

そば粉	120g
塩	小さじ1/4
卵	1個
冷水	200ml
玉ねぎ	小1/2個
にんにく	1/2片
きのこ(マッシュルーム、えのき茸、しめじ、エリンギ など)	約200g
塩・こしょう	各適量
ハムの薄切り	大2枚
オリーブオイル・バター	各適量

※クレープは焼いて余ったらラップに包み、冷凍保存。

Recette 作り方

1. ガレット生地を作る。ボウルにそば粉と塩を入れ、中央にくぼみを作る。ここに卵を割り入れ、泡立て器で卵をほぐしながら冷水を注ぐ。周りのそば粉も一緒に混ぜ合わせる。ラップをして、ひと晩冷蔵庫で休ませる。

2. 具を作る。玉ねぎとにんにくはみじん切りにする。きのこは石づきのあるものは取り、食べやすい大きさに切る。

3. フライパンにオリーブオイルを入れて中火で熱し、ハムを入れ、両面をさっと焼いたら取り出す。玉ねぎとにんにくを入れ、香りが立ったらきのこを加えてさっと炒める。火が通ったら塩とこしょうで味を調え、取り出す。

4. フライパンを洗って水気を拭き取り、バターを入れて中火で熱し、溶けたらキッチンペーパーで軽く表面をふき取る。**1**の生地をお玉1杯分流し、薄く広げて焼く（約直径22cmの円が目安）。

5. 生地の端が浮き上がってきたら、裏返し、円を4等分した右下の部分に**3**のハムときのこをのせ、残りの生地を折りたたんで、皿に盛る。

Point

生地の縁がフライパンから離れてきたら裏返して。

そば粉のガレットでひと皿

Assiette de galette

ポタージュのポイントは、セロリ
と玉ねぎを透き通るまで炒めるこ
と。ハンドブレンダーでなめらか
にして味を調えます。

<u>Menu</u>

いちじくとベビーリーフのサラダ　バルサミコドレッシング (p.22)
さつまいもとセロリのポタージュ (p.22)
きのことハム添え、そば粉のガレット (p.19)
ぶどう

サラダに使ったベビーリーフはレ
タスの仲間。なければレタスをち
ぎって使います。

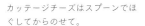

カッテージチーズはスプーンでほ
ぐしてからのせて。

●そば粉のガレットでひと皿レシピ

いちじくとベビーリーフのサラダ バルサミコドレッシング (p.20)

Salade de mesclun et aux figues,
vinaigrette balsamique

いちじくの代わりにレーズンやプルーンなどのドライフルーツやりんご、オレンジ、グレープフルーツでも。ぶどうの濃縮果汁で作るバルサミコ酢が味の決め手に。

Ingrédients 材料(2人分)

ドレッシング
- バルサミコ酢 ……………………… 大さじ2
- オリーブオイル ………………… 大さじ1
- 塩 ………………………………… 小さじ1/4
- あればクミンパウダー ………………… 少々
- くるみ ……………………………… 30g
- ベビーリーフ ………………… ふたつかみ
- いちじく ……………………………… 2個
- カッテージチーズ ……………… 大さじ2

Recette 作り方

1. ドレッシングを作る。バルサミコ酢は耐熱容器に入れ、500Wの電子レンジに約1分かけ、とろりとさせる。オリーブオイル、塩、あればクミンパウダーを加え混ぜる。
2. くるみはアルミ箔の上に並べ、オーブントースターで約1分焼き、冷ましてから半分に切る。
3. ベビーリーフは洗って水気をきり、大きい葉は食べやすい大きさにちぎる。
4. いちじくは縦6等分に切る。
5. 皿にベビーリーフを盛り、いちじくをのせる。カッテージチーズはスプーンでほぐしながら全体に散らす。**1**のドレッシングを回しかけ、最後にくるみを散らす。

さつまいもとセロリのポタージュ (p.20)

Velouté de patate douce et céleri

牛乳を加えているのでまろやかな味わい。ほんのり甘いさつまいもに、セロリと玉ねぎの香味野菜で味に深みが出ます。

Ingrédients 材料(2人分)

- さつまいも……………………………… 150g
- 玉ねぎ………………………………… 50g
- セロリ………………………………… 50g
- バター ………………………………… 10g
- 水 ………………………………… 300ml
- 牛乳 ……………………………… 100ml
- ブイヨンキューブ………………………… 1個
- 塩・こしょう・パセリ…………………… 各適量

Recette 作り方

1. さつまいもは皮をむき、ひと口大に切る。玉ねぎとセロリはみじん切りにする。
2. 鍋にバターを入れて中火で熱し、玉ねぎとセロリを炒める。
3. 野菜が透明になったら、水と牛乳を注ぎ、ブイヨンキューブ、**1**のさつまいもを加えて、煮立ったら弱火にして約10分煮る。
4. さつまいもがやわらかくなったら、火を止め、ハンドブレンダーかミキサーでなめらかにする。
5. 再び弱火にかけて温め、塩とこしょうで味を調える。器に盛り、パセリを飾る。

> **Dressage d'assiette** 盛り付け
> 皿にサラダとガレットを盛り付け、別の器に入れたポタージュをのせる。ぶどうを添える。

豆乳のキッシュでひと皿レシピ

アツアツのキッシュに添えるのは、シャキシャキのコールスローサラダと、
喉ごしがさわやかなきゅうりの冷製スープ。寒い時期なら温かいポタージュを組み合わせて。

いろいろコールスローサラダ (p.25)
Salade de chou mélangée

付け合わせにぴったり、軽やかな食感を楽しみたいせ
ん切りサラダ。ディルやイタリアンパセリなどハーブ
はお好みで加えてください。

Ingrédients 材料(2人分)

キャベツの葉 ……………………………	2枚
にんじん ………………………………	1/2本
ラディッシュ …………………………	4〜5個
ディル…………………………………	1/2束
プリーツレタスの葉……………………	2枚
ドレッシング	
┌ マヨネーズ ……………………………	大さじ1
│ おろししょうが ……………………	少々
│ 酢 ……………………………………	大さじ1
└ 塩・こしょう ………………………	各適量

Recette 作り方

1. キャベツ、にんじん、ラディッシュ、ディルはせん
切りにする。
2. ボウルにドレッシングの材料をすべて入れてよく混
ぜ、**1** の野菜を加えてあえたら、器に盛る。時間をお
くとしんなりして水気がでてしまうので、あえるのは、
食べる直前に。
3. 皿にプリーツレタスの葉1枚をのせ、上にコールス
ローサラダを盛る。

Point

野菜はすべて長さを揃えてせん切りに。

きゅうりとヨーグルトの冷製スープ (p.25)
Soupe froide de concombre et yaourt

にんにくをほんの少し入れるのが、おいしさのポイン
ト。生だと匂いが気になるなら、粉末ガーリックでも。
ヨーグルトの酸味で、後口がすっきりします。

Ingrédients 材料(2人分)

きゅうり ……………………………………	1本
┌ プレーンヨーグルト(無糖) ………………	80g
│ パン粉 …………………………………	大さじ1
│ おろしにんにく…………………………	小さじ1/2
A オリーブオイル ………………………	大さじ1
│ レモン汁 ………………………………	大さじ1
└ 塩・こしょう …………………………	各少々
レモンのくし形切り ……………………	2個
飾り用きゅうりの薄切り・ミントの葉 ……	各少々

Recette 作り方

1. きゅうりはところどころ皮をむき、薄切りにする。
飾り用に少し取り分ける。
2. フードプロセッサーにきゅうりと **A** を入れて、な
めらかにする。
3. 味を見て、塩とこしょうで味を調える。グラスに盛
り、飾り用のきゅうり、ミントの葉を飾る。レモンを
添える。

※スムージー感覚で作るスープ。時間をおくと分離す
るので、食べる直前に作りましょう。暑い時期なら氷
を加えて撹拌、アイスシェイクのように仕上げるのも
好評です。

豆乳のキッシュでひと皿

Assiette de quiche au lait de soja

Point

豆乳のキッシュは、パイ生地を型に敷いてフォークで穴をあけ、豆などの重石を敷いて空焼きしてから、具とアパレイユを流して焼き上げます。

Menu

いろいろコールスローサラダ (p.23)
きゅうりとヨーグルトの冷製スープ (p.23)
豆乳のキッシュ (p.26)

●豆乳のキッシュでひと皿レシピ

豆乳のキッシュ (p.25)
Quiche au lait de soja

キッシュのアパレイユは生クリームと牛乳で作るのが定番。牛乳だけだと水っぽくなるのですが、豆乳ならとろみがあるのでそれだけで作れます。具はスモークサーモンとブロッコリーですが、ベーコンとほうれん草、魚介とグリーンアスパラガス、きのことハムなど…。くるみやナッツを入れるのもおすすめです。

Ingrédients 材料（直径18cmタルト型1個分）

冷凍パイシート	1枚（200g）
ブロッコリー	1/3個
ミニトマト	4個
スモークサーモンの薄切り	4枚

アパレイユ

卵	2個
豆乳	120ml
ピザ用細切りチーズ	50g
塩	小さじ1/2
こしょう	適量

Recette 作り方

1. オーブンは180℃に予熱する。型の内側に薄くバター（分量外）を塗る。

2. パイシートをタルト型よりひと回り大きくのばして敷き、指で押さえるようにする（パイシートが小さい場合はつぎはぎする）。型からはみ出た部分は切り落とす。フォークで全体に穴を開ける。

3. パイシートを完全に覆うようにアルミ箔をかぶせて、タルトストーンまたは豆などの重石をのせる。オーブンに入れ、約20分焼いて取り出す。オーブンは180℃の予熱にしておく。

4. ブロッコリーは小房に分けてさっとゆでる。トマトは半分に切る。スモークサーモンはひと口大に切る。

5. アパレイユを作る。ボウルに卵を割りほぐし、豆乳、チーズ、塩、こしょうを加え、塩が完全に溶けるまでよく混ぜる。

6. 3の重石とアルミ箔を取り除き、4の具を並べて5のアパレイユを注いだら、オーブンに入れ、約30分焼く。

7. 竹串を刺して何もつかなくなったら、オーブンから出し、切り分けて器に盛る。

Dressage d'assiette 盛り付け

皿にいろいろコールスローサラダとキッシュを盛り付け、別の器に入れたきゅうりとヨーグルトの冷製スープをのせる。

エビとアボカドのフランでひと皿レシピ

フランは、卵液をオーブンで焼いた料理。器に流して焼いたり、下にパイ生地を敷いたりします。
朝食向きに軽めの組み合わせ。ランチならパンを添えても。

芽キャベツのピクルス (p.28)
Pickles de choux de Bruxelles

ピクルスは塩加減や野菜の火の通り具合などで食感や
保存性が変わります。これは浅漬け感覚のレシピです。
芽キャベツならではのおいしさが味わえます。

Ingrédients 材料(2人分)

芽キャベツ	……………………	6個(約120g)
ピクルス液		
┌ 白ワインビネガー	…………………	60ml
砂糖	…………………	小さじ1
塩・こしょう	…………………	各適量
にんにく	…………………	1片
└ ローリエ	…………………	1枚

Recette 作り方

1. 芽キャベツは芯の部分に包丁で十文字の切り込みを
入れ、2分ほどさっと塩ゆでする。ざるに取って水気
をきり、保存容器に入れる。
2. ピクルス液を作る。鍋にワインビネガー、砂糖、塩、
こしょうを入れて火にかけ、煮立ったら、にんにくと
ローリエを入れて2分煮る。
3. 1に2を注ぎ入れ、粗熱がとれたら蓋をして冷蔵庫
で1時間以上冷やす。3日以内に食べきる。

エビとアボカドのフラン (p.28)
Flan d'avocat aux crevettes

日本でいえば茶碗蒸しのオーブン焼き。牛乳と生ク
リームの代わりにキッシュ(p.26)のようにすべて豆
乳に代えても作れます。

Ingrédients 材料(グラタン皿2枚分)

アボカド	…………………	1個
ゆでた小エビ	…………………	100g
アパレイユ		
┌ 卵	…………………	2個
牛乳	…………………	100ml
生クリーム	…………………	50ml
とろけるチーズ	…………………	大さじ2
塩	…………………	小さじ1/4
こしょう	…………………	適量
└ 好みでクミンパウダー	…………………	適量

Recette 作り方

1. オーブンは180℃に予熱する。
2. アボカドは縦半分に切り、種を取ってから皮を除き、
ひと口大に切る。各グラタン皿にエビとともに並べる。
3. アパレイユを作る。ボウルに卵を割りほぐし、牛乳、
生クリーム、チーズ、塩、こしょう、好みでクミンを
加え、塩が完全に溶けるまでよく混ぜる。
4. 2の深さ8分目くらいまで3を流し入れる。
5. オーブンで約20分、焼き色がつくまで焼く。

> **Dressage d'assiette** 盛り付け
>
> ピクルスは別の器に、グラタンは下にナプキン
> を敷く。クランベリージュース(市販品)にり
> んごとしょうがのすりおろしを各少々加える。

エビとアボカドのフランでひと皿

Assiette de flan d'avocat aux crevettes

Menu

芽キャベツのピクルス (p.27)

エビとアボカドのフラン (p.27)

クランベリーとりんごのジュース（市販品）

ごちそうサラダでひと皿

Assiette de salade gourmande

Menu

かぼちゃのソテーバルサミコ風味 (p.30)

キヌアのタブレ (p.30)

ひよこ豆のロースト (p.31)

アボカド　豆腐ドレッシング (p.31)

野菜いろいろ

ごちそうサラダでひと皿のレシピ

イギリスやアメリカで人気の、野菜と雑穀が主役のボリュームサラダは、パリでも人気になっています。いろいろな野菜の食感と彩りを楽しんで。パンなしでも大満足です。

かぼちゃのソテー バルサミコ風味 (p.29)
Potiron rôti au vinaigre balsamique

サラダの盛り合わせにはホクホクしたかぼちゃやいも類のソテーがいいアクセントに。かぼちゃが切りにくい時は電子レンジに3分かけてから切ります。

Ingrédients 材料(2人分)

かぼちゃ	200g
オリーブオイル	大さじ1
バルサミコ酢	大さじ1
塩・こしょう	各適量

Recette 作り方

1. かぼちゃは皮つきのまま1cm厚さのくし形に切る。
2. フライパンにオリーブオイルを入れて熱し、かぼちゃを並べて入れ、片面2分ずつぐらい、両面をこんがりと焼く。
3. バルサミコ酢をふり入れて全体にまぶし、塩とこしょうで味を調える。

キヌアのタブレ (p.29)
Taboulé de quinoa

キヌアは栄養価が高くて低糖質の雑穀で、スーパーフードのひとつ。パスタ感覚でゆでてから使います。なければ、クスクスでも。

Ingrédients 材料(2人分)

キヌア	100g
さやいんげん	4本
ミニトマト	6個
黒オリーブ	5個
モッツァレラチーズ	60g
バジルの葉	2〜3枚
オリーブオイル	大さじ1
レモン汁	大さじ2
塩・こしょう	各適量

Recette 作り方

1. キヌアは、パスタと同じ要領で、塩を入れた湯に入れ、15分くらいゆでる。ざるに取って水気をきり、熱いうちにオリーブオイルを回しかけて混ぜる。
2. 粗熱がとれたら冷蔵庫に入れて、完全に冷やす。
3. さやいんげんはさっとゆで、2cm幅に切る。トマトは縦半分に切る。オリーブは横半分に切る。モッツァレラチーズも同じ大きさに切る。バジルは刻む。
4. ボウルに2とバジル以外の3を入れて混ぜ、レモン汁、塩 こしょうで味を調えたら、バジルを加えてさっとあえる。

Point

かぼちゃは薄切りにして両面を焼きます。

ひよこ豆のロースト (p.29)
Pois chiches rôtis

スパイシーに仕上げたひよこ豆。水煮がなければ乾燥豆をゆでて使いましょう。ピーナッツやカシューナッツ、枝豆でもおいしく作れます。

Ingrédients 材料(2人分)

ひよこ豆の水煮缶 ………………………	200g
クミンパウダー………………………………	小さじ1
パプリカパウダー ………………………	小さじ1強
オリーブオイル …………………………	大さじ2
塩、こしょう …………………………	各適量

Recette 作り方

1. オーブンは 180℃に予熱する。

2. ひよこ豆はざるに上げて、熱湯をかけて臭みを取る。水気をよくきり、ボウルに入れる。塩、こしょう、クミンパウダー、パプリカ、オリーブオイルを加えて、あえる。

3. 天板にクッキングシートを敷き、**2** のひよこ豆を広げてのせ、オーブンで約 15 分焼く。

Point

ひよこ豆は下味をつけてからオーブンへ。

アボカド　豆腐ドレッシング (p.29)
Avocat, sauce au Tofu

豆腐ドレッシングは、アボカドだけでなく、パプリカやブロッコリー。にんじんなどのゆで野菜のディップにしてもよく合います。

Ingrédients 材料(2人分)

豆腐ドレッシング

豆腐(絹ごし、木綿のどちらでも) ………	1/2丁
マヨネーズ …………………………	大さじ1
オリーブオイル ………………………	大さじ1
酢 ………………………………………	大さじ1
レモンの皮のすりおろし …………………	少々
塩・こしょう …………………………	各適量
アボカド ………………………………	1個
レモン汁 ………………………………	適量
パセリのみじん切り…………………………	少々

Recette 作り方

1. 豆腐ドレッシングを作る。豆腐はキッチンペーパーに包んで 10 分おき、水気をきる。

2. ボウルに **1** の豆腐、マヨネーズ、オリーブオイル、酢、レモンの皮を加えてよく混ぜる。なめらかになったら、塩とこしょうで味を調える。

3. 盛り付ける直前にアボカドは横半分に切って種を取り、縦 6 等分に切り目を入れてレモン汁をふり、豆腐ドレッシングを盛り、好みでパセリをふる。

Dressage d'assiette 盛り付け

皿の真ん中にアボカドを盛り、用意した料理と塩ゆでしたブロッコリー、せん切りにしたパプリカなどの野菜を好みでプラスして盛り合わせる。

サラダ2種でひと皿ごはん
Assiette deux salades

Menu

ケールのポタージュ (p.34)
クスクスとそら豆、にんじんのサラダ (p.34)
クランベリーとカッテージチーズのサラダ (p.35)
いちごのショートケーキ ヴェリーヌ仕立て (p.33)

サラダ2種でひと皿レシピ

サラダがメインのひと皿ごはん。野菜とフルーツの持ち味を生かした2種類のサラダに、
温かいポタージュといちごのショートケーキを組み合わせました。

いちごのショートケーキ ヴェリーヌ仕立て (p.32)
Verrine façon fraisier

ヴェリーヌとは、脚のないガラス製の器のこと。これに入れた料理やデザートをヴェリーヌ仕立てといいます。こちらはいちごのショートケーキを入れてみました。メインのクリームはカスタードクリームとホイップクリームを混ぜ合わせたディプロマットクリーム。残ったクリームはラップで包み、冷凍保存できます。

Ingrédients 材料（容量150mlの器2個分）

レンジカスタードクリーム（作りやすい分量）
- 卵 ……………………………………… 1個
- 牛乳 ……………………………… 200ml
- 砂糖 ………………………………… 45g
- 薄力粉 ……………………………… 15g
- バニラエッセンス……………………… 適量

スポンジケーキ（市販品）……………… 適量

ホイップクリーム
- 生クリーム………………………… 120ml
- 砂糖 ……………………………… 大さじ1
- いちご ……………………………… 6〜8個
- いちごジャム………………………… 大さじ1

Recette 作り方

1. レンジカスタードクリームを作る。耐熱のボウルに材料を全て入れ、泡立て器でよく混ぜカスタード液を作る。
2. 500W の電子レンジにかけ、1分ごとに取り出しよくかき混ぜる。この作業を5回くり返す。だんだんとろみが出てくるのでしっかり混ぜる。
3. クリーム状になった氷を当て急速に冷やす。粗熱がとれたら冷蔵庫に入れ、2時間くらい冷やす。
4. 仕上げる。スポンジは 1cm 厚さで、器の直径に合わせて、1人分に対して2枚、合計4枚を切り取る。
5. ホイップクリームを作る。別のボウルに生クリームに砂糖を加えて泡立て、7分立てにする。1/2量は飾り用にとり、残りは 3 のカスタードクリームを泡立て器でなめらかにしたところに加え、よく混ぜ合わせる。
6. いちごは飾り用に2個は別にし、残りを 5mm 厚さの輪切りにする。同じ大きさの輪切りを10枚選び、ほかはみじん切りにして、いちごジャムとあえる。半量を器に入れ、その上に 1 のスポンジ1枚をのせる。
7. 輪切りのいちご5枚を器の側面にピタリとはりつけるようにして軽く押さえる。5 のクリームを8分目までそっと入れて、もう1枚のスポンジをかぶせる。もう1個の器も同様にする。
8. 最後に残りのホイップクリームを薄くのせ、ナイフなどで平らにする。
9. 上に飾り用いちごを好みの大きさに切って飾る。

小さなグラスに作ったショートケーキ。
皿に盛る直前まで冷やしておきましょう。

● サラダ2種でひと皿レシピ

ケールのポタージュ (p.32)
Soupe de kale

ビタミンたっぷりの緑黄色野菜、ケール。生は少し苦みがあり、サラダのアクセントに。加熱すると甘味がでます。なければ、ほうれん草やブロッコリーで。

Ingrédients 材料(2人分)

じゃがいも	小1個
玉ねぎ	1/4個
オリーブオイル	適量
水	300ml
牛乳	100ml
ブイヨンキューブ	1個
ケールの葉	2〜3枚
塩・こしょう	各適量
生クリーム	少々

Recette 作り方

1. じゃがいも、玉ねぎは、皮をむき、2〜3mm 厚さの薄切りにする。

2. 鍋にオリーブオイルを入れて熱し、**1** を炒める。玉ねぎが透き通るくらいになったら、水、牛乳、ブイヨンキューブを入れて、じゃがいもがやわらかくなるまで煮る。

3. ケールは別にさっとゆでて、ざく切りにする。

4. **2** に **3** を加え、煮立ったら火を止め、ハンドブレンダーかミキサーにかける。

5. 再び、温めたら塩とこしょうで味を調えて器に盛る。好みで生クリームをかける。

クスクスとそら豆、にんじんのサラダ (p.32)
Taboulé au fèves et carottes

日本でもおなじみになっているクスクスは、いわば最小の粒状パスタ。熱湯をかけて蒸すだけでいいので、意外に簡単です。ここでは主食を兼ねたサラダに。

Ingrédients 材料(2人分)

クスクス	1/4カップ
┌ 熱湯	50ml
A オリーブオイル	大さじ2
└ 塩	小さじ1/2
鶏ささみ	100g
そら豆	50g
にんじん	1/4本
ミントの葉	4〜5枚
白ワインビネガー	大さじ2
塩・こしょう	各適量

Recette 作り方

1. ボウルにクスクスと **A** 入れて、手早く混ぜたらラップをして 5 分おく。

2. 鶏肉はラップをして 500W の電子レンジに約 2 分 20 秒かけ、そのまま冷ます。粗熱がとれたら、食べやすい大きさに手で裂く。

3. そら豆はさっと塩ゆでにして、冷水に取る。冷めたら皮をむく。

4. にんじんは皮をむいて、3cm 長さの細切りにする。2〜3 分塩ゆでにしたらざるに取り、水気をきって冷ます。ミントの葉はみじん切りにする。

5. **1** のボウルに **2** の鶏肉と **3** のそら豆、**4** のにんじん、ミントの葉を加え、ワインビネガーと塩、こしょうで味を調える。

6. 全体をあえたら、器に盛る。

クランベリーと
カッテージチーズのサラダ (p.32)
Salade de cranberry et fromage frais

ドライフルーツが甘いのでレモン汁ですっきり仕上げ
に。サラダ野菜とハーブは、食感や色で数種類を混ぜ
て使うと、よりカフェっぽい仕上がりになります。

Ingrédients 材料（2人分）

松の実 ………………………………	大さじ2
ミックスリーフ ……………………	2つかみ
ドレッシング	
┌ レモン汁 ………………………	大さじ1
│ 塩 …………………………………	2つまみ
│ こしょう ………………………	適量
└ オリーブオイル ………………	大さじ1
カッテージチーズ………………	30g
ドライクランベリー ………………	大さじ2
赤かぶの薄切り …………………	適量

Recette 作り方

1. 小鍋に松の実を入れて弱火で熱し、1〜2分香ばし
くなるまで炒ったら、キッチンペーパーの上に広げて
冷ます。
2. ミックスリーフは洗って水気をよくきり、大きな葉
はひと口大にちぎる。赤かぶは4枚薄切りを用意する。
3. ドレッシングを作る。ボウルにレモン汁、塩、こし
ょうを混ぜ、オリーブオイルを加えてよく混ぜる。
4. 皿に赤かぶを並べる。ミックスリーフを**3**に加えて、
さっと全体を混ぜたら皿に盛り、カッテージチーズを
スプーンで散らす。仕上げに**1**の松の実とクランベ
リーを飾る。

ケールのポタージュは栄養も満点！

クスクスのサラダのそら豆は
アボカドやきゅうりに代えても。

ドライフルーツの甘みと
松の実の香ばしさが美味なサラダ。

> **Dressage d'assiette** 盛り付け
>
> 皿にいちごのショートケーキ ヴェリーヌ仕立
> てと器に盛ったポタージュをのせ、2種類のサ
> ラダを盛り合わせる。

A propos ②

パリの私のお店
「マミ・ガトー」

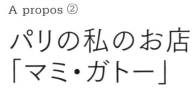

Mamie Gâteaux　マミ・ガトー

交通：最寄り駅メトロ⑩⑫
Sèvres-Babylone, Vaneau ou Saint-Placide
住所：66 rue du Cherche-Midi 75006 Paris, France
電話：01 42 22 32 15
営業時間：11:45 〜 18:00　㊡日・月曜
https://mamie-gateaux.fr/

Mamie Gâteaux

おばあちゃんの手作りお菓子で
お茶の時間をゆっくり楽しむ、
そんなお店を心がけています

A. お店のカトラリーはシンプ
ルカジュアル。**B.** 好きで揃え
たブロカントの小物を飾った店
内。**C.** アンティークのキッチ
ンストーブは、20年以上前に
ヴァンプの蚤の市で購入。**D.** 同
じくお気に入りの古いカゴは自
宅で娘のカミーユの幼い頃の写
真とともに飾っています。**E.** 店
内のおもてなしは夫のエルヴェ
の担当です。

2003年、パリ6区にサロン・ド・テ マミ・ガトーをオープンしました。サロン・ド・テというのはティールーム、つまり喫茶店のこと。カフェといっても決して間違いではないのですが、フランスでは一般にカフェというと広いテラス席がありギャルソンがサービスしているという姿が頭に浮かびます。

それに比べて、サロン・ド・テは、もう少しインドアでこぢんまりとした雰囲気のお店というイメージです。コーヒーだけではなく、お茶（テ = thé）にもこだわり、お手製のお菓子とおいしいお茶をゆっくりと楽しむというイメージがあります。

今から三十数年前に初めてパリを訪れ、本場のパリにすっかり魅了されてから、自分なりのパリっぽいティールームをいつか日本で開きたいと密かに思うようになりました。

当時、日本はまだカフェブーム前でした。日本で見るフランスの品々は超高級ブランドだったり、食に関してもとびきりおしゃれして出かけるようなタイプのレストランが主流でした。

私は上流クラスな"おフランス"ではなく、普段着のフランス的なお店を目指したいと考えていました。まるでフランスの誰かの家を訪れたかのような、そんなイメージの店を作りたいと。お菓子もショーケースにキラキラ光る芸術作品のようなケーキではなく、焼き菓子を中心とした素朴なお菓子たち、ただし焼きたての、まだぬくもりが伝わるようなお菓子を提供したいと思っていました。

そして、フランスを訪れるようになってから目覚めてしまった蚤の市の魅力。いわゆるアンティーク（骨董）ではなく、古い菓子の型、キッチン道具、食器などブロカント（古道具）を少しずつコレクションしていき、日本に持ち帰ったものでした。貯金をしては渡仏し、パリの空気を思い切り吸い、おいしいものを食べ歩き、お気に入りのブロカントを見つけて日本に持ち帰り、という生活を続ける中、夫とパリで出会い、フランスで暮らすこととなりました。

結婚して、パリで娘を産み、私の思い描いていた夢はいったん消え去りました。

ある日、ベビーカーを押しながら何気なく不動産屋さんの空き物件を見ていたら、今出たばかりの店舗空き物件があると言われ、興味本位で見に行ってみると、私にとってはまさに理想的な店舗でした。まあ、とりあえずやってみようかな？と深く考えず、育児休業中の夫の協力を得て始めてしまったのです。日本ではなく、本場パリで。オープン時、娘は2歳。お店とともに子育てにも手のかかる大変な時期をどうやって乗り越えたのか？ 今となってはあまり記憶にないのですが（笑）。おかげさまで、気がつけばもう18年、そして娘は今年20歳になります。

ところで、フランス語でマミ（Mamie）はおばあちゃん、ガトー（Gâteaux）はお菓子という意味の店名は夫が考えたものです。まるでおばあちゃんのおうちにお茶を飲みにいくような感覚でお店に来ていただけたら、という思いから決めました。お客さまは、家族連れ、友人同士、外国人観光客などさまざまです。ネクタイを締めた紳士が一人でケーキを召し上がる、なんてことも珍しくありません。

そんな、一人でもフラッと立ち寄ることのできるお店です。今日まで多少のリニューアルはありましたが、根本的なことはオープン当初から変わっていませんし、これからも変えることもないと思っています。ただ、ある程度柔軟に、時代の流れに対応していかなくてはならない部分もあるのではないか、と最近は思うようになりました。たとえば、グルテンフリーやビーガン、アレルギーのお客さまへ向けての商品開発や、コロナ禍の状況の中、テイクアウトのことも考えていかなければいけないと…。

マミ・ガトーらしさ、私らしさを失わず、さらに前進していくことができれば、と考えている今日この頃です。

パリにいらっしゃることがあったら、ぜひお立ち寄りくださいね。お待ちしております。

Partie 2

ティータイム

L'heure du thé

ひと皿ごはんの本ですが、このパートでは、パティシエールである私が得意なお菓子の盛り合わせをご紹介します。イギリス発祥のアフタヌーンティーのように、午後のひと時、甘いワンプレートをお気に入りの紅茶やコーヒーと、楽しんでいただけたらと思います。ご紹介するのは、私のお店「マミ・ガトー」で出しているお菓子のレシピではなく、日本でお菓子作りが初めての方でも作れるようにアレンジしたレシピです。特別な日だけとはいわず、普段の日のおやつに作ってみてくださいね。

フルーツサンドイッチでひと皿

Assiette de sandwiches sucrés

Menu

フルーツサンドイッチ (p.42)

ドライフルーツ入りチョコレートバー (p.43)

ヨーグルトとキウイのスムージー (p.43)

フルーツサンドイッチでひと皿のレシピ

しっとりやわらかい食パンとホイップクリーム、フルーツの組み合わせが日本で大人気の
フルーツサンドイッチ。サクサクのシリアルチョコバーと、ヨーグルトとキウイのスムージーを添えて。

フルーツサンドイッチ (p.41)
Sandwiches aux fruits

フルーツとホイップクリームだけの組み合わせは、じつはパリでは珍しく、ケーキとしてもほとんど見かけないのです。
フルーツはなるべく同じ大きさに切ってはさむと断面がきれいに仕上がります。パンを三角か四角どちらに切り分ける
かによって並べ方は工夫して。パンはやわらかい生地が合います。食パンの耳は最後に切り落とします。

Ingrédients 材料（2人分）

フルーツ（好みで揃えても）

いちご ……………………………… 2個
バナナ ……………………………… 1本
キウイ ……………………………… 1個
みかんまたはオレンジ …………… 1個
レモン汁 …………………………… 少々

ホイップクリーム

生クリーム ………………………… 150ml
砂糖 ………………………………… 大さじ1

サンドイッチ用食パン（10枚切り）………… 4枚

Recette 作り方

1. いちごは縦半分に切る。バナナは皮をむいてパンの
大きさに合わせた長さに切り、表面にレモン汁をまぶ
す。キウイとみかんは皮をむいてくし形に切り、キッ
チンペーパーの上において水気を取る。

2. ボウルに生クリームと砂糖を入れ、泡立て器でしっ
かり九分立てに泡立てる。

3. 食パン2枚の片側に **2** のホイップクリーム 1/4 量
ずつのせ、平らに伸ばす。

4. 1 のフルーツを彩りよくのせ、残りのホイップク
リームを半分ずつのせ、かぶせるようにのばす。

5. もう1枚の食パンをのせてサンドイッチにしたら
ラップで包み、冷蔵庫に入れ、30分くらい休ませる。

6. 食パンの耳を切り落としてから、食べやすい大きさ
に切り分けて、器に盛り付ける。

ドライフルーツ入り
チョコレートバー (p.41)

Barres céréales chocolat aux fruits secs

サクサクのシリアルチョコレートバーは意外に簡単。
作りおきもできるので、ちょっとした手みやげにも喜
ばれます。ダークやミルクチョコレートでも。

Ingrédients 材料(2人分)

好みのコーンフレーク	30g
好みのドライフルーツ	50g
ホワイトチョコレート	150g
スライスアーモンド	20g

Recette 作り方

1. バットにクッキングシートを敷く。
2. コーンフレークはビニール袋に入れ、めん棒などで
軽く叩いて細かく砕く。レーズン以外のドライフルー
ツは粗めに刻む。
3. チョコレートは耐熱のボウルに入れ、湯煎にかける
か電子レンジで溶かす。
4. 3 が溶けたら、1、2 とスライスアーモンドを加え、
全体を混ぜ合わせる。
5. 1 のクッキングシートの上に移し、平らに広げる。
冷蔵庫に入れて 30 分以上おき、冷やし固める。
6. 固まったら、食べやすい大きさに切り分ける。ひと
つずつ好みのラッピングペーパーで包むとかわいい。

ヨーグルトとキウイのスムージー (p.41)

Yaourt smoothie au kiwi

フルーツとヨーグルトのスムージー。キウイを凍らせ
ておくのがポイント。キウイ以外でも余ったフルーツ
や缶詰のフルーツを冷凍しておいて作るのがおすすめ。

Ingrédients 材料(2人分)

キウイ	1個
プレーンヨーグルト(無糖)	180g
牛乳	100ml
はちみつ	大さじ1

Recette 作り方

1. キウイは皮をむいて、1cm 角くらいに切り、保存
袋に入れて、冷凍しておく。
2. ミキサーにヨーグルト、牛乳、はちみつ、1 のキウ
イを入れて、なめらかになるまで撹拌したらグラスに
注ぐ。

> **Dressage d'assiette** 盛り付け
> 皿にフルーツサンドイッチとチョコレートバー
> を盛り、グラスに入れたスムージーを添える。

キャロットケーキでひと皿
Assiette de carotte cake

Menu
キャロットケーキ (p.46)
野菜ジュースのゼリー (p.47)
ミニトマトのコンポート (p.47)
カフェオレ

にんじんはすりおろすか、フードプロセッサーで細かくします。汁がでた時はざるに上げて余分な水分をきり、この状態で生地に混ぜます。

Point

180℃のオーブンで約30分。竹串を刺して何もついてこなければ焼き上がり。粗熱がとれたら型をはずして冷まします。

キャロットケーキでひと皿のレシピ

野菜づくしのおやつプレートです。にんじん嫌いな子どもにも喜ばれるキャロットケーキと
市販の野菜ジュースで作ったゼリー、ほんのり甘いトマトのコンポートにカフェオレを添えて。

キャロットケーキ (p.44)
Carotte cake

ずっしりしたケーキは、仕上げにほんのり酸味があるクリームチーズとバターで作るグラサージュを塗るとよりおいしくなり、最後まで飽きずにいただけます。もちろんホイップクリームでも合います。生地に入れるブラウンシュガーは、なければ、きび砂糖や上白糖で。

Ingrédients 材料（直径16cmの丸型1台分）

にんじん	1本（120g）
卵	2個
ブラウンシュガー	100g

粉類

薄力粉	110g
シナモンパウダー	小さじ1
重曹	小さじ1/2
ベーキングパウダー	小さじ1
サラダ油	60ml

グラサージュ

クリームチーズ	30g
バター（食塩不使用）	10g
粉砂糖	50g

Recette 作り方

1. オーブンは180℃に予熱する。型の底に合わせてクッキングシートを切って敷き、側面には薄くバター（分量外）を塗り、薄力粉（分量外）を薄くふる。粉類はふるい合わせる。

2. にんじんはすりおろすかフードプロセッサーにかけてざるに上げ、余分な水分をきる。

3. ボウルに卵を割りほぐし、ブラウンシュガーを入れ、ハンドミキサーか泡立て器で泡立てる。

4. 3 がもったりとしてきたら、**1** の粉類と **2** のにんじん、サラダ油を加え、木べらでさっくりと混ぜる。

5. 粉っぽさがなくなったら、**1** の型に入れ、オーブンで約30分焼く。粗熱がとれたら型をはずして冷ます。

6. グラサージュを作る。耐熱ボウルにクリームチーズを入れ、500W の電子レンジに約30秒かけて温める。バターを加え、泡立て器でなめらかになるまでよく混ぜる。

7. ダマがなくなったら、粉砂糖を加え、よく混ぜる。

8. 5 のケーキが冷めたら、表面全体に **7** を塗り、好みの大きさに切り分ける。

野菜ジュースのゼリー (p.44)
Jus de légumes en gelée

野菜ジュースならどんな種類でもいいのです。ここで使用したのはビーツとセロリのジュース。甘みを足してゼリーにすると、苦手な方でもいただけます。

Ingrédients 材料（直径5cmの器2個分）

粉ゼラチン …………………………	3g
水 …………………………………	大さじ1
野菜ジュース ………………………	200ml
砂糖 ………………………………	好みで10g
飾り用イタリアンパセリかミントの葉 ………	少々

Recette 作り方

1. 小さな容器に水を入れ、粉ゼラチンをふり入れて軽く混ぜ、少しおいてふやかす。
2. 耐熱ボウルに野菜ジュースを入れ、500W の電子レンジにかけ、沸騰直前まで温めたら、**1** と砂糖を加えて混ぜる。
3. ゼラチンと砂糖が溶けてなめらかになったら、器に流し入れ、冷蔵庫で冷やし固める。
4. 好みでイタリアンパセリやミントを飾る。

ミニトマトのコンポート (p.44)
Tomates cerises marinées

パリのマルシェで見かけるカラフルなミニトマト。日本のスーパーマーケットでもあったら、いろいろな色を混ぜて作ってみて。フルーツ感覚の味わいです。

Ingrédients 材料（2人分）

ミニトマト …………………………	150g（約10個）
水 …………………………………	150ml
白ワイン…………………………………	30ml
はちみつ …………………………	大さじ2
レモン汁 …………………………	大さじ1

Recette 作り方

1. トマトは鍋に湯を沸かした中に入れ、10秒したら冷水に取って冷まし、皮を湯むきして容器に入れる。
2. 小鍋に水、白ワイン、はちみつ、レモン汁を入れて火にかける。沸騰したら火を止め、**1** に注ぎ入れ、そのまま冷ます。
3. 粗熱がとれたら、冷蔵庫に入れる。ひと晩おくと味がしみておいしくなる。

Dressage d'assiette 盛り付け

キャロットケーキを切り分けて皿に盛り、ミニトマトのコンポート、野菜ジュースのゼリーは器ごとのせ、カフェオレを添える。

チーズケーキでひと皿

Assiette cheese cake

Menu

ホワイトチョコレートと
ラズベリーのチーズケーキ (p.50)
キャラメルプリン (p.51)
マシュマロクッキーサンド (p.51)

お菓子のキャラメルを溶かして作るゼリーです。プリン型で作り、型からはずして盛っても。

Point

チーズケーキは蒸し焼きにして、冷蔵庫でよく冷やしてから型から出して、切り分けて。

チーズケーキでひと皿のレシピ

チーズは食後に塩味で、が慣習だったフランスですが、アメリカやイギリスから入ってきた
チーズケーキが、今や定番に。キャラメルプリンとサクサククッキーを組み合わせました。

ホワイトチョコレートとラズベリーのチーズケーキ (p.48)
Cheese cake au chocolat blanc et framboises

チョコレートでほどよく固まってくれるチーズケーキ。ホワイトチョコレートはラズベリーやブルーベリー、いちごな
ど酸味のあるフルーツによく合います。パウンド型で焼きましたが、丸型や、ひとつずつプリン型に入れてもかわいく
仕上がります。

Ingrédients 材料（12×5.5×高さ5cmのパウンド型1台分）

底の生地
- グラハムビスケット（市販品）……………………50g
- 溶かしバター ……………………………………30g
- ホワイトチョコレート ………………………………60g
- 生クリーム……………………………………… 100ml
- クリームチーズ……………………………………… 160g
- 砂糖 …………………………………………………50g
- 卵 ………………………………………………………1個
- 卵黄 ……………………………………………………1個
- コーンスターチ ……………………………… 小さじ1
- サワークリーム………………………………… 100g
- ラズベリー ……………………………………… 100g
- 飾り用ラズベリー…………………………………適量

Recette 作り方

1. 型の底と側面に紙を敷く。
2. 底の生地を作る。ビニール袋にグラハムビスケットを入れ、めん棒で叩いて細かく砕く。ここに湯煎か電子レンジで溶かしたバターを加え混ぜる。全体に混ざったら型に入れ、底が平らになるように敷き詰める。
3. オーブンは160℃に予熱する。
4. 耐熱容器にチョコレートと生クリームを入れ、500W の電子レンジに約1分かける。途中、何回か取り出してかき混ぜ、なめらかにする。
5. ボウルにクリームチーズと砂糖を入れ、よく混ぜる。チーズがかたいようなら、湯煎にかけながら混ぜる。
6. クリーム状になったら、卵と卵黄、コーンスターチ、サワークリームを加えて混ぜる。全体に混ざったら、**4** のチョコレートも加える。
7. 1 の型にラズベリーを並べ、上から **6** の生地を流し込み、天板にのせる。
8. オーブンに入れ、天板に浅く湯を注ぎ入れ、約40分蒸し焼きにする。
9. オーブンから取り出して冷ます。粗熱がとれたら冷蔵庫で冷やす。
10. 型から出し、紙をはずし、好みの大きさに切り分ける。

Point

チーズケーキは蒸し焼きにすると、なめらかな口
当たりに。

キャラメルプリン (p.48)

Crème caramel

市販のキャラメルを溶かして作るゼリータイプのプリンです。さらにジンジャーシロップとカルダモンなどのスパイスを加えてチャイ風にしても。

Ingrédients 材料(2人分)

粉ゼラチン …………………………………	3g
水 ………………………………………	大さじ3
キャラメル(市販品)……………………	6粒
牛乳 ………………………………	300ml
メープルシロップ…………………………	大さじ1

飾り用ホイップクリーム、バナナ、クランベリー、
ミントの葉など ………………………… 各少々

Recette 作り方

1. 小さな容器に水を入れ、粉ゼラチンをふり入れて軽く混ぜ、少しおいて戻す。
2. 鍋にキャラメル、牛乳、メープルシロップを入れて火にかけ、沸騰しないように気をつけながらキャラメルを溶かす。
3. キャラメルが完全に溶けたら、**1** のゼラチンを加え、よく混ぜて溶かしたら、ざるで濾す。
4. 容器に流し入れ、冷蔵庫でひと晩冷やし固める。
5. 食べる直前に取り出し、好みでホイップクリームやバナナなどを飾る。

Dressage d'assiette 盛り付け

皿にチーズケーキを切り分けて盛り、飾り用のラズベリーを飾る。キャラメルプリンとクッキーサンドをのせ、ホットココアを添える。

マシュマロクッキーサンド (p.48)

Biscuits chamallows

マシュマロを電子レンジで温めるだけでできるクッキーサンド。一部にチョコレートのコーティングをするだけで見た目がぐんとグレートアップします。

Ingrédients 材料(4個分)

好みのクッキー …………………………	8枚
マシュマロ…………………………………	大4個
チョコレート ……………………………	50g
サラダ油 …………………………………	小さじ1

Recette 作り方

1. 耐熱皿にクッキーを 4 枚を表が下になるように並べて、マシュマロをのせる。500W の電子レンジに約 20 秒かける。
2. マシュマロが膨らみ始めたところで取り出し、残り 4 枚のクッキーでそれぞれサンドする。
3. 小ボウルにチョコレートを入れて湯煎にかける。人肌ぐらいになるまでゆっくり溶かし混ぜたら、サラダ油を加えて混ぜる。
4. 2 のクッキーを 3 のチョコレートに浸し、クッキングシートの上に並べる。冷蔵庫に入れて冷やし固める。

Point

マシュマロは電子レンジにかけ、このぐらいふくらみ始めたら、取り出します。

いちごのフランでひと皿

Assiette de flan aux fraises

Menu

いちごのフラン (p.53)

マシュマロフルーツヨーグルト (p.54)

ホットキウイ (p.54)

いちごのフランでひと皿のレシピ

塩味のフラン（p.27）のデザート版でいちごのフラン。焼いてから冷やしていただきます。
マシュマロヨーグルトのふんわりクリームと温かいフルーツジュースを添えて。

いちごのフラン (p.52)
Flanc aux fraises

空焼きしたパイ皮に流して焼く方法もありますが、型に流すほうがグラタン感覚で気軽に作れます。このアパレイユは
卵だけでなく、薄力粉が入っている卵液なのでプリンよりは、ねっとり感のある仕上がりです。季節によってさくらん
ぼやオレンジ、りんごや洋梨でも同様に作れます。

Ingrédients 材料（直径6cmのマフィン型6個分）

いちご	200g
アパレイユ	
薄力粉	30g
砂糖	50g
卵	2個
牛乳	100ml
生クリーム	50ml
バニラエッセンス	少々
粉砂糖	適量

Recette 作り方

1. いちごは縦半分に切り、大きければさらに半分に切る。耐熱皿に並べ入れる。
2. オーブンは180℃に予熱する。
3. 薄力粉と砂糖を混ぜる。
4. アパレイユを作る。ボウルに卵を割りほぐし、牛乳を少しずつ加えながら泡立て器でよく混ぜていく。生クリーム、バニラエッセンスも加え混ぜ、**3**も加えて、ダマができないようによく混ぜる。
5. **1**の型の8分目まで**4**のアパレイユを流し入れる。
6. オーブンで約20分焼く。生地がぷっくりふくらんだら焼き上がり。オーブンから取り出して冷まし、粗熱がとれたら、冷蔵庫で冷やす。
7. 食べる直前に粉砂糖をかける。

Point

オーブンで焼く前。

\ Bon appétit！/

焼くとふっくらふくらみます。

●いちごのフランでひと皿レシピ

マシュマロフルーツヨーグルト (p.52)
Yaourt aux fruits et chamallows

マシュマロとヨーグルトを混ぜてひと晩おくと、ふわとろのムースのようなデザートクリームに。フルーツはフレッシュでもドライでも合います。

Ingrédients 材料（直径5㎝の器2個分）

マシュマロ	50g
プレーンヨーグルト（無糖）	200g
フルーツ（オレンジ、クランベリーなど）	適量
ビスケット	2枚

Recette 作り方

1. マシュマロはキッチンばさみでひと口大に切る。
2. ボウルまたは保存容器にヨーグルトを入れ、**1** のマシュマロを入れ、ラップをしてひと晩冷蔵庫に入れる。
3. 食べる直前に全体を混ぜ、スプーンで器に盛り、好みのフルーツとビスケットを添える。

ホットキウイ (p.52)
Jus de kiwi chaud

キウイは細かくしすぎると、黒い種まで切れて汚く見えてしまうので、みじん切りぐらいにしましょう。同様にレモンやゆず、オレンジ、りんごで作っても。

Ingrédients 材料（2人分）

キウイ	2個
はちみつ	大さじ4
レモン汁	大さじ2
熱湯	400ml

Recette 作り方

1. キウイは小さくみじん切りにするか、軽くミキサーにかける。
2. マグカップ2個に **1** とはちみつ、レモン汁、熱湯を半量ずつ入れて混ぜる。温度が下がるので、食べる直前に電子レンジで適温に温める。

マシュマロとヨーグルトを混ぜてひと晩おくと、
ムースのような食感に。

> **Dressage d'assiette** 盛り付け
>
> プレートにいちごのフランとマシュマロフルーツヨーグルト、ホットキウイを盛り合わせる。

A propos ③

私がワクワクするもの、ブロカント

昔から、なぜか古いものに心惹かれます。古いものには物語があります。ひとつとして同じものは存在しません。そこにできたシミや傷や色褪せた表情に長い年月を感じ、元の持ち主の当時の生活や様子を想像し、ひとりでワクワクします。そして、自分自身はこの物語をどのように受け継いでいくのか、あれこれと考えるのです。

今からもう30年以上前になりますが、初めてフランスを訪れた際に生まれて初めての蚤の市めぐりを経験しました。ここで、あ、これだ！と自分の中でスイッチが入り、フランス各地の蚤の市やフリーマーケットをめぐり、お宝探しをすることになり、今に至るといった具合です。

さて、ブロカント（Brocante）という言葉は日本でも最近では使われるようになってきたかと思いますが、骨董としての高価なアンティーク品に比べ、いわゆる古道具たちのことをさします。私が好きなのは、昔はどこの家にも普通にあったような一般的なもの、つまりブロカントの方です。これまで特に食に関わるオブジェ、カフェオレボウルや器、台所用品、料理書など夢中で集めてきました。この本の扉（p.01）のミニチュアキッチンもそのひとつ。20年来いつも私のそばに置き、お守りのように大切にしています、

ナイフの痕がたくさんお皿にあるのは、きっとお肉がかたかったせいね、とか、オーブンにお皿ごと入れて温めていたせいか皿の色が変色しているものもあり、ここに出合うまでの食生活を垣間見ることができることもあります。「この食器にはどんな料理が盛り付けられていたのかしら？どんな人が使っていたのかしら？どんな楽しい（時には辛い）会話がそこで繰り広げられていたのかしら？」

もちろん真相を知る由もありませんが、想像力が豊かになります。料理書の中には雑誌の切り抜きレシピやメッセージ、押し花が挟んであったりすることもあり、そんな時は、なんだかちょっと得したようなうれしい気分になります。

古いものとの出合いは一期一会。今では自分のコレクションが増えすぎてしまったため、さすがに滅多に購入する機会もなくなりましたが、いつどんな運命の出合いが待っているかわかりません。時々蚤の市に立ち寄っては古き良き時代の雰囲気を味わい、楽しいオブジェたちの会話を想像し、温かな気分になって帰ってきます。

ルーブルのガラスのピラミッドのように、フランスの生活は古いものと新しいものとの共存。自分が見つけた古いものをただ飾っておくだけではなく、現代の自分の生活の中でどうやって使いこなしていくのか、これからどんなおいしい料理を盛り付けようかを考えるだけでもワクワクしてくるのです。

Partie 3

ディナー

Dîner

パリのカフェメニューのなかでも、フランスのおふくろの味といえる料理をメインに、ボリュームがあってディナーにもなるひと皿ごはんを集めました。料理の工程としては簡単なものばかり。もちろん、ブランチやランチにもなるメニューです。そして、気軽に焼けるパンのレシピもご紹介します。パリはクロワッサンやバゲットなど、リッチな味わいのおいしいパン屋さんはたくさんありますが、意外に素朴でシンプルなパンは少ないので、そんな味が食べたい時には自分で作っています。

ポトフでひと皿

Assiette de pot-au-feu

ポトフでひと皿レシピ

ごろごろ野菜とブロック肉、ソーセージをブイヨンで煮込むだけのポトフは、フランスの定番家庭料理。
パリのカフェでもよく登場します。前菜のピクルスとともに作りおきできるので、忙しい日におすすめ。

豆腐ときのこのピクルス (p.57)
Champignons et Tofu marinés

豆腐をピクルスにすると、チーズのような口当たりに。
しめじの代わりにマッシュルームや舞茸でも。ワイン
のおつまみなら、オリーブと盛り合わせて。

Ingrédients 材料（2人分）

絹ごし豆腐	1/2丁
しめじまたは好みのきのこ	1パック
ピクルス液	
米酢・水	各70ml
塩	小さじ1/2
にんにく	1/2片
ピンクペッパー	適量
オリーブオイル	大さじ2

Recette 作り方

1. 豆腐はキッチンペーパーに包み、冷蔵庫に半日おい
て、水きりする。
2. きのこは洗って石づきを切り落とし、小房に分ける。
3. ピクルス液を作る。小鍋に材料を全部入れてひと煮
立ちさせ、火を止める。
4. 1 の豆腐をひと口大に切り、バットに重ならないよ
うに並べる。フライパンにオリーブオイルを熱してき
のこを軽く炒め、豆腐の上にのせる。上から温かい 3
を注ぐ。
5. 粗熱がとれたらラップをして冷蔵庫に入れ、時々か
き混ぜながら冷やす。

ポトフ (p.57)
Pot-au-feu

具は大きめに、大鍋でたっぷり作り、盛る時に切り分
けます。粒マスタードを添えるのが定番ですが、何日
か食べた後、具を細かく刻んでカレーにしても。

Ingrédients 材料（作りやすい分量）

豚バラ肉のブロック	200g
じゃがいも	小2個
玉ねぎ	1個
にんじん	1本
キャベツ	1/4個
ソーセージ（太め）	2本
ブイヨンキューブ	1個
水	1リットル
塩・こしょう	各適量
パセリのみじん切り	少々
粒マスタード	適量

Recette 作り方

1. 豚肉は全体に塩をしてラップに包み、1 時間おく。
2. じゃがいもは皮をむき、半分に切って水につける。
玉ねぎとにんじんは皮をむき、縦半分に切る。キャベ
ツはそのまま洗っておく。豚肉は水気を拭き取って半
分に切る。
3. 大きな鍋に水を入れ、じゃがいも以外の材料とブイ
ヨンキューブを入れ、中火にかける。煮立ったら弱火
にして約 30 分煮る。途中、何度か浮いてきたアクを
取る。
4. 水をきったじゃがいもを加え、さらに約 30 分煮る。
最後に塩、こしょうで味を調える。
5. 食べる直前に豚肉とソーセージはひと口大に切って
器に盛り、パセリをふる。粒マスタードを添える。

フライパンでハーブパン (p.57)

Pain cuit á la poêle

イーストを入れているので、中はふんわり、表面はカリッ、粉を混ぜたら約20分で完成！ 油なしで、窯焼きのイメージで両面を焼きます。ナンのような仕上がりなのでカレーに添えたり、ピタパン感覚で半割りにして切り込みを入れ、ポケットサンドイッチにも。

Ingrédients 材料（2人分）

薄力粉	100g
ドライイースト	小さじ1
オリーブオイル	大さじ1
砂糖	小さじ1
塩	小さじ1/3
水	60ml
ミックスハーブ（エルブ・ド・プロバンス）	大さじ1

※エルブ・ド・プロバンスは、南仏のプロバンス地方の乾燥ハーブミックスのこと。タイムやローズマリー、セージ、バジルなどを組み合わせています。どれかひとつまたは2、3種類好みのハーブを組み合わせても。

Recette 作り方

1. 耐熱用のボウルに材料をすべて入れ、ひとかたまりになるまで5分くらい手でこねる。

2. そのまま200Wの電子レンジに30秒かけ、取り出したらラップをかけ、10分おく。

3. 生地が発酵して倍ぐらいにふくらんだら、2等分し、めん棒でそれぞれ厚さ5mmくらいの楕円形にのばす。

4. フライパンを熱し、3の生地を入れる。片面2、3分ずつ、両面にこんがりと焼き色をつけて焼く（油は不要）。

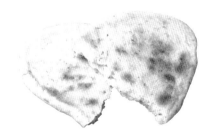

A. めん棒で楕円形にのばします。B. 油は入れずに、フライパンで両面を焼いて。

Dressage d'assiette 盛り付け

トレーにポトフの皿、別の器に盛った豆腐のピクルス、ハーブパンを添える。ポトフはスープもいただくので、スプーンも添えて。

チキン・コルドン・ブルーでひと皿

Assiette de cordon bleu au poulet

チキン・コルドン・ブルーでひと皿レシピ

ハムとチーズ入りのチキンカツはアツアツを切るとチーズがとろーり！ カラフルなライスサラダと
コーンスープの組み合わせは、軽めのディナー向きで、子どもにも喜ばれます。デザートも添えて。

ライスサラダ (p.61)
Salade de riz

野菜のちらしずし感覚で作るライスサラダ。何種類か
の野菜を合わせて、彩りよく仕上げましょう。枝豆や
コーン、角切りにしたプロセスチーズも合います。

Ingrédients 材料（2人分）

さやいんげん	50g
きゅうり	1/2本
パプリカ	1/4個
セロリ	1/4本
ミニトマト	4個
冷やご飯	飯茶碗1杯
サニーレタスの葉	2枚
ドレッシング	
┌ サラダ油	大さじ2
│ 米酢	大さじ2
│ マスタード	小さじ1
└ 塩・こしょう	各適量

Recette 作り方

1. さやいんげんをさっと塩ゆでにして冷水に取り、水
気をきって 1cm 長さに切る。きゅうり、パプリカ、
セロリはすべて約 1cm の角切りにする。ミニトマト
はヘタを取り、4 等分に切る。
2. ボウルにドレッシングの材料を入れてよく混ぜた
ら、ご飯、**1** の野菜を加えて、混ぜる。
3. 器にサニーレタスを敷き、**2** のライスサラダを盛る。

冷製コーンスープ (p.61)
Soupe froide de maïs

生のとうもろこしがあったらぜひ試してほしいスープ
です。濾して残った実は、捨てずにオムレツに入れて
みてください。おいしくなってびっくりです！

Ingrédients 材料（2人分）

とうもろこし	1本
牛乳	100ml
水	50ml
塩・こしょう	各適量
パセリのみじん切り	少々

Recette 作り方

1. とうもろこしは皮をむいてラップで包み、500W の
電子レンジに約 5 分かける。熱いので気をつけながら、
実を削ぎ切りにする。
2. ミキサーに **1** と牛乳、水を入れて攪拌する。
3. なめらかになったら、ざるで漉して鍋に入れ、弱火
にかける。沸騰直前まで温め、塩とこしょうで味を調
える。熱いスープならこれで OK。冷製なら粗熱をと
り、冷蔵庫に入れてしっかり冷やす。
4. 食べる時は、スープを器に注ぎ、好みでパセリのみ
じん切りを散らす。

チキン・コルドン・ブルー (p.61)
Cordon bleu au poulet

コルドン・ブルーは、薄く叩いた肉にハムとチーズを挟んだカツレツのこと。フランスではおなじみの料理です。本来は子牛肉ですが、鶏肉や豚肉でも。

Ingrédients 材料（2人分）

鶏胸肉 ……………………	1枚（約400g）
ハムの薄切り …………………	2枚
スライスチーズ …………………	2枚
薄力粉・溶き卵・パン粉 …………………	各適量
サラダ油 …………………	適量
レモンの薄切り …………………	4枚

Recette 作り方

1. 鶏肉は、縦半分に切る。横に包丁を入れ観音開きにする。1枚ずつ肉叩きまたはめん棒などで、5〜6mmの厚さで均等になるように叩きのばす。
2. 肉の両面に塩、こしょうをし、開いた片側にハムとチーズをのせ、もう片側の肉をかぶせ、サンドイッチ状にする。
3. 薄力粉、溶き卵、パン粉の順に衣をつける。
4. フライパンにサラダ油を深さ1cmくらいまで入れて約180℃に熱したら、**3** の肉を入れ、揚げ焼きする。片面約3分焼いたら、返して、さらに約3分が目安。
6. キッチンペーパーに取り、油をよくきったら、器に盛り、レモンの薄切りを添える。

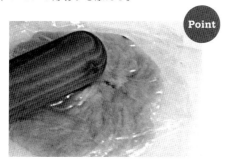

Point

鶏肉は半分に切ってから観音開きにして、薄く叩きのばします。

ヨーグルトのゼリー (p.61)
Gelée au yaourt

簡単にできるデザートです。フルーツはお好みで。大きめの器に作って、取り分けるスタイルにすることもあります。とろとろなので2〜3時間以上冷やして。

Ingrédients 材料（2人分）

粉ゼラチン …………………	3g
水 …………………	大さじ2
牛乳 …………………	50ml
砂糖 …………………	20g
はちみつ …………………	大さじ1
プレーンヨーグルト（無糖） …………………	100g
好みのフルーツ …………………	適量
飾り用ミントの葉 …………………	少々

Recette 作り方

1. 耐熱容器にゼラチンと水を入れて戻す。
2. 牛乳、砂糖、はちみつを **1** に加え、500Wの電子レンジに30秒ほどかけて混ぜ、全体にだまのないように溶かす。
3. ボウルに冷たいヨーグルトを入れ、**2** を加えて手早く混ぜ、グラスに注ぐ。
4. 冷蔵庫でよく冷やす。
5. ゼリーが固まったら、上にラズベリーやブルーベリーなど好みのフルーツ、ミントの葉をのせる。

Dressage d'assiette 盛り付け
皿にチキン・コルドン・ブルーとレモン、ライスサラダを盛り、コーンスープとヨーグルトゼリーはそれぞれ別の器に入れてのせる。

ローストビーフでひと皿

Assiette de rôti de bœuf

Menu

ローストビーフ (p.66)
野菜のギリシャ風マリネ(p.67)
即席タルトシトロン (p.67)
フランスパン(市販品)

ローストビーフには玉ねぎの赤ワインソースを添えて。

即席タルトシトロンは、さらに
ビスケットを添え、レモンカス
タードをつけるスタイルでも。

ローストビーフでひと皿レシピ

ローストビーフもデザートのタルトシトロンもオーブンなしで作れるレシピなので、気軽に作れます！
ちょっと贅沢なサンドイッチに酸味が控えめの野菜マリネ、甘酸っぱいレモンのデザートを添えて。

ローストビーフ (p.64)
Rôti de bœuf

日本では牛肉が高価なので、小さめの単位で、しかもオーブンを使わないレシピをご紹介。これなら手作りローストビーフへのハードルがグッと低くなるはず。覚えておくと、前菜やサラダにも使えます。肉を焼いたフライパンで作るソースは、玉ねぎと赤ワイン、ウスターソース入り。こっくりとした味が肉の味を引き立てます。

Ingrédients 材料（2人分）

ローストビーフ
- 牛もも肉のかたまり ……………………… 300g
- 塩 ………………………………………… 小さじ1
- こしょう ………………………………………… 適宜
- サラダ油 …………………………………… 大さじ1

ソース
- 玉ねぎ ……………………………………… 1/4個
- 赤ワイン …………………………………… 50ml
- 水 …………………………………………… 50ml
- ウスターソース …………………………… 大さじ1
- バター ……………………………………… 10g

フランスパン（バゲットなど）……… 15cm長さ2本
マスタード ……………………………… 大さじ1
サニーレタス・トマト・スプラウト……… 各適量

Recette 作り方

1. 肉は冷蔵庫から取り出し、常温に戻す。

2. 塩とこしょうを肉にすり込み、10分ほどおく。

3. フライパンにサラダ油を入れて熱し、肉を入れ、表面を強火で焼く。焼き色がついたら返し、すべての面にきれいな焼き色がつくように5分くらいかけて焼く。

4. 3 をラップで二重に包み、保存用ビニール袋に入れ、空気が入らないように閉じる。

5. 鍋に湯をたっぷり沸かし、グラグラと沸騰したら火を止め、すぐに 4 を入れる。落とし蓋をして20分おく。取り出して、常温で粗熱をとる。

6. ソースを作る。玉ねぎはみじん切りにし、3 のフライパンに入れて炒める。透き通ってきたら、赤ワイン、水、ウスターソースを加え、中火で煮詰める。半分くらいに煮詰まったところで弱火にし、バターを入れ、塩とこしょうで味を調える。

7. 5 のローストビーフは、食べやすいようにできるだけ薄く切る。

8. フランスパンは横半分に切り込みを入れ、切り口の両面にマスタードを塗る。サニーレタスやスライスしたトマト、スプラウトなどお好みの野菜を並べ入れ、薄切りにしたローストビーフ、肉の上からソースをかけ、挟む。

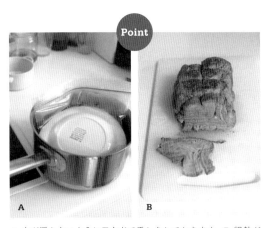

A. 肉が浮かないように皿などで重しをしておきます。**B.** 粗熱が完全にとれると肉汁が落ち着き、上手に切れます。

野菜のギリシャ風マリネ (p.64)
Légumes marinés à la Grecque

フランスでは定番のマリネです。ギリシャ風というと
白ワインを使うため、酸味が穏やか。ワインのおつま
みにもなります。ワインが苦手なら酢水で作って。

Ingrédients 材料(作りやすい分量)

カリフラワー	100g
グリーンアスパラガス	2本
パプリカ	100g
レーズン	大さじ1

マリネ液

コリアンダーの粒	小さじ1
砂糖	大さじ1
塩	小さじ1/2
白ワイン	200ml(または水200mlと米酢大さじ1)
オリーブオイル	大さじ1

Recette 作り方

1. 野菜は食べやすいようにひと口大に切る。
2. 鍋にマリネ液の調味料を入れて火にかける。煮立っ
たら、**1** の野菜を入れる。
3. 再び煮立ったら、耐熱の容器に野菜を汁ごと移し、
そのまま冷ます。
4. 粗熱がとれたら、冷蔵庫に入れてよく冷やす。2〜
3日はおいしくいただける。

Dressage d'assiette 盛り付け
皿にローストビーフサンドイッチと、別の器に
入れたギリシャ風マリネと、即席タルトシトロン
を添える。

即席タルトシトロン (p.64)
Tarte citron rapide

シトロンはレモンのフランス語。グラスやココット型
にビスケットを砕いて作った台を敷いて作る簡単タル
トです。

Ingrédients 材料(直径7cmグラス2個分)

グラハムビスケット	40g
牛乳	大さじ1

レモンカスタード

卵	1個
砂糖	50g
レモン皮	1個分
レモン汁	
1個分＋水適量(合計で70mlになるように調整)	
バター	30g
飾り用レモンの薄切り、ミントの葉	適量

Recette 作り方

1. 台を作る。グラハムビスケットは手で小さくし、ボ
ウルに入れる。牛乳を加え、さらにフォークなどを使っ
てつぶす。型に入れ、底面を平らにする。
2. レモンカスタードを作る。湯煎にするため、平鍋に
湯を入れ、フツフツと沸騰している状態にする。
3. ボウルに、卵を割り入れ、レモンの皮をすって入れ
る。砂糖、レモン汁、水を加えて混ぜる。
4. 2 の鍋の上に 3 のボウルをおき、湯煎状態にして中
火にする。泡立て器で時々混ぜながら火を通す。10
分くらいでとろみがついてきたら、湯煎からはずして、
バターを入れ、なめらかになるまで混ぜる。
5. 1 の型に流し入れ、粗熱がとれたら、冷蔵庫でよく
冷やす。
6. 好みでレモンの薄切りとミントの葉を添える。

アシ・パルマンティエでひと皿

Assiette de Hachis Parmentier

ミートソースにマッシュポテト
とチーズをのせて焼きます。

Point

大きめの耐熱皿で焼いて取り分けスタイルにしても。

Menu

洋梨のピクルス (p.70)
きのこと豆腐のスープ (p.70)
アシ・パルマンティエ (p.71)

アシ・パルマンティエひと皿レシピ

寒い日においしいグラタンは、大人も子どもも大好きな料理です。メインが濃厚なので、
おすましのようなさっぱりしたきのこのスープとほんのり甘いフルーツのピクルスを合わせました。

洋梨のピクルス (p.68)
Poires marinées

洋梨の甘みをいかしたピクルス。スパイシーに仕上げるとデザートではなく、前菜や口直しにぴったりな味になります。りんごでも。

Ingrédients 材料(2人分)

洋梨	1/2個
ピクルス液	
米酢・水	各30ml
砂糖	小さじ1
塩	小さじ1/4
一味唐辛子	ひとつまみ
好みでオールスパイス	適量

Recette 作り方

1. 洋梨は皮をむき、食べやすい大きさに切る。
2. ピクルス液を作る。耐熱容器に酢、水、砂糖、塩を入れ、500Wの電子レンジで1分くらい温め、沸騰させる。
3. ピクルス液が熱いうちに **1** の洋梨を入れ、唐辛子とあればオールスパイスをふり、冷蔵庫で冷やす。

※オールスパイスは、シナモン、クローブ、ナツメグの香りをあわせ持つといわれるスパイス。なければ、それぞれのスパイスを入れたり、組み合わせて香りをつけましょう。

きのこと豆腐のスープ (p.68)
Soupe de champignons et Tofu

きのこは、マッシュルーム、しめじ、えのき茸、椎茸、エリンギなど、1種類でも数種類合わせても。豆腐入りでコンソメ仕立てに。隠し味はしょうゆです。

Ingrédients 材料(2人分)

きのこ	好みで50g
絹ごし豆腐	1/2丁
顆粒コンソメの素	大さじ1
水	300ml
バター	大さじ1/2
しょうゆ	小さじ1
塩・粗挽きこしょう	各適量

Recette 作り方

1. きのこは食べやすい大きさに切る。豆腐は小さめの角切りにする。
2. 鍋にバターを入れて熱し、きのこを炒める。火が通ったら、水とコンソメを加える。
3. 煮立ったら、豆腐を加え、再び煮立ったらしょうゆを加え、塩とこしょうで味を調える。

アシ・パルマンティエ (p.68)

Hachis parmentier

アシとはみじん切りのこと。野菜入りのミートソースをイメージしています。ちなみにパルマンティエはフランスにじゃがいもを普及させた農学者の名前だそうです。イギリスではシェパーズパイやコテージパイとも呼ばれ、世界各国でも似た料理があり、子どもから大人まで愛される定番のおいしさです。

Ingrédients 材料（2人分）

ミートソース

┌ 合いびき肉	200g
│ にんにく	1/2片
│ 玉ねぎ	1/2個
│ にんじん	1/4本
│ ホールトマトの水煮	1/2缶
│ 赤ワイン	大さじ1
│ サラダ油	小さじ1
└ 塩・こしょう・ナツメグ	各適量

マッシュポテト

┌ じゃがいも	大2個
│ 牛乳	120ml
│ バター	小さじ1
└ 塩	小さじ1/2
溶けるタイプのチーズ	50g
飾り用パセリのみじん切り	少々

Recette 作り方

1. ミートソースを作る。野菜はすべてみじん切りにする。ホールトマトの水煮は実をざく切りにする。

2. フライパンにサラダ油を熱し、にんにく、玉ねぎ、にんじんを入れて1〜2分さっと炒める。ひき肉を加えて炒め、肉に火が通ったら赤ワイン、ホールトマトを加え、水分がほとんどなくなるまで20分くらい煮込む。塩とこしょうで味を調え、ナツメグを加える。グラタン皿に入れ、平らにする。

3. オーブンは200℃に予熱する。

4. マッシュポテトを作る。じゃがいもは皮をむき、約2cmの角切りにして鍋に入れ、水からゆでる。沸騰したら中火で12〜15分、ナイフがすっと入るようになったら火を止めてざるに上げ、湯をきったら鍋に戻し、熱いうちにマッシャーまたはフォークでつぶす。

5. 牛乳、バター、塩を加え、よく混ぜてから味を調え、2の上にのせ、平らにのばす。上からチーズをまんべんなくかける。

6. オーブンに入れ、約15分、こんがりと色よく焼き上げる。好みでパセリをふる。

Dressage d'assiette 盛り付け

皿にグラタン皿をおき、洋梨のピクルスと好みで彩りに、トマトとゆでたブロッコリー（分量外）を飾り、別の器に盛ったスープをのせる。

ベトナム風フォーでひと皿

Assiette de phô à la Vietnamienne

Petites Chronique

パリのベトナム料理

Cuisine Vietnamienne à Paris

かつてフランス領インドシナ（現在のベトナムとカンボジア）として植民地の時代がありました。今でもベトナムのホーチミンやハノイにはその頃に建てられたヨーロッパスタイルの建物が多く残されていて、ほかのアジアの国とは少し違った雰囲気を醸し出しています。同時に食文化の交流もあり、ベトナムにはフランス料理が深く影響して、屋台でフランスパンのサンドイッチ、バイン・ミーが並んでいます。またパリにはおいしいベトナム料理店があり、フォーの麺やライスペーパー、香菜（コリアンダー）もスーパーで手に入るので、比較的気軽に作れるメニューです。

ベトナム風フォーでひと皿レシピ

鶏肉のフォーに揚げ春巻きとにんじんのピクルスで、野菜やハーブをたっぷりいただける
ヘルシーメニュー。香菜が苦手な方にはミントや青じその葉でもエスニックな雰囲気が楽しめます。

揚げ春巻き (p.73)
Les nems

ライスペーパーで巻いて揚げると、さっくり軽い食感。
具に入れるニョクマム（ナンプラー）が隠し味。レタ
スでミントなど好みの野菜と巻いて、どうぞ。

Ingrédients 材料(2人分)

```
  ライスペーパー ……………………… 4枚
  具
 ┌ エビ ………………………………… 30g
 │ 椎茸 ………………………………… 3枚
 │ 長ねぎ ……………………………… 適量
 │ 豚ひき肉 …………………………… 60g
 │ ニョクマム ………………………… 大さじ1
 │ 片栗粉 ……………………………… 小さじ1
 └ 塩・こしょう ……………………… 各適量
  揚げ油 ……………………………… 適量
  レタス、香菜、ミントの葉など ……… 好み
```

Recette 作り方

1. 具を作る。エビは殻と背わたをとって、粗みじん切
りにする。椎茸と長ねぎはみじん切りにする。
2. ボウルに豚ひき肉を入れ、**1** とニョクマム、片栗粉
を加えてよく混ぜる。塩とこしょうで味を調える。
3. ライスペーパーは水を張った容器に 10 秒ほどつけ
たら、まな板の上におく。ライスペーパーが大きいよ
うなら半分に切る。
4. 3 の上に **2** の具をのせ、空気が入らないようきっち
りと巻く。
5. 揚げ油を 170℃ くらいに熱し、**4** の春巻きを入れ、
じっくりと 5 分くらいかけて揚げる。
6. 器に揚げ春巻き、レタス、ミントの葉を盛る。好み
でさらにニョクマムやしょうゆを添えても。

即席にんじんのピクルス (p.73)
Pickles aux carottes

口直しに添えるのは、少し甘いにんじんのピクルス、
甘酢漬けです。きゅうりやセロリ、かぶ、カリフラワー
など旬の野菜なら、どれでもおいしく作れます。

Ingrédients 材料(作りやすい分量)

```
  にんじん ……………………………… 1本
  ピクルス液
 ┌ 米酢 ………………………………… 60ml
 │ 水 …………………………………… 40ml
 │ 砂糖 ………………………………… 大さじ1
 │ 塩 …………………………………… 小さじ1/3
 └ 赤唐辛子の輪切り ………………… 少々
```

Recette 作り方

1. にんじんは皮をむいて 4cm 長さのスティック状に
切って耐熱容器に入れる。
2. 鍋にピクルス液の材料を入れ、火にかける。
3. 2 がひと煮たちしたら、**1** のにんじんに注ぎ入れる。
そのまま冷まし、粗熱がとれたら、冷蔵庫で冷やす。

鶏ともやしのフォー (p.73)

Phô de poulet et germes de soja

鶏肉、牛肉や魚介でも作るフォー。もやしはシャキシャキ感が大事なので火の通しすぎに注意して。最後にライムなどの柑橘類をしぼってさっぱりといただきます。フォーはベトナム料理で米粉の平たい麺のことで、あっさりめの透明スープにもやしや香菜をたっぷりのせます。

Ingrédients 材料(2人分)

乾燥フォー(米麺)	200g
もやし	1/2袋
紫玉ねぎ	1/4個
鶏もも肉	1枚
薄口しょうゆ	大さじ1/2

スープ

水	800ml
鶏ガラスープの素	大さじ1
ニョクマム	大さじ2
しょうが	1片
万能ねぎ	4本
赤唐辛子の輪切り	少々
塩・こしょう	各適量
にんにくチップス*	1片分
香菜	適量
ライムまたはレモン	好み

Recette 作り方

1. フォーは表示通りに下ゆでし、ざるに上げる。もやしはさっと湯通しする。紫玉ねぎは薄切りにして水にさらす。しょうがはすりおろし、万能ねぎは小口切りにする。香菜は食べやすい大きさに切る。

2. 鶏肉はひと口大に切り、薄口しょうゆをまぶして5分おく。

3. スープを作る。鍋に水を入れて火にかけ、沸騰したら鶏ガラスープの素、ニョクマム、しょうが、万能ねぎ、赤唐辛子を入れ、塩とこしょうで味を調える。

4. 鶏肉を加えて煮て、火が通ったら**1**のフォーを加えて温める。

5. 器にフォーを盛り、スープを注ぐ。鶏肉、もやし、香菜、水気をしぼった紫玉ねぎ、にんにくチップスを飾る。好みでライムやレモンのくし形切りを添える。

＊にんにくチップスの作り方

にんにくを薄切りにしてサラダ油（分量外）で色よく炒めたら、キッチンペーパーに取って油をきり、塩を軽くふる。

Dressage d'assiette 盛り付け

フォーの器は盛り付け前に温めておく。揚げ春巻きはレタスなどの野菜と一緒に盛り合わせる。ピクルスは小鉢で添える。

Partie 4

白ワインに合うひと皿

Avec du vin blanc

フランスの食事には欠かせないワイン。カフェやサロン・ド・テでも注文できるお店が多くあります。ここでは、魚介類や野菜をメインにした、シャンパーニュや白ワイン、ロゼワインなど軽いワインに合うメニューをご紹介します。ワインだとちょっと重いかな、と思う時は、炭酸水で割ってみるのもいいかもしれません。ワインの香りがするすっきりした炭酸水でも料理を楽しめます。ビールより合うかも?! 割合はお好みで。日常のテーブルワインなら、そんな楽しみ方もあり、です。

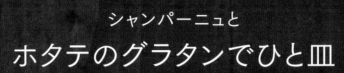

シャンパーニュと
ホタテのグラタンでひと皿
Assiette de coquille de saint jacques

Menu

ホタテのグラタンでひと皿レシピ

繊細で華やかな喉ごしのシャンパーニュやスパークリングワインには、ちょっとおしゃれでクリーミーな料理がぴったり。口直しにはパイのバトネ（棒状）を添えました。

豆腐とクリームチーズの
わさび風味 (p.77)
Fromage et Tofu au Wasabi

ほんのりわさびがきいた豆腐クリームをエンダイブに絞り、一緒にいただきます。イクラは彩りも兼ねているので、代わりならパプリカパウダーをふっても。

Ingrédients 材料（2人分）

豆腐クリーム

┌ 豆腐（絹ごしでも木綿でも）‥‥‥‥‥ 150g
│ クリームチーズ‥‥‥‥‥‥‥‥‥‥‥‥ 80g
│ おろしわさび‥‥‥‥‥‥‥‥‥‥ 小さじ1
└ しょうゆ‥‥‥‥‥‥‥‥‥‥‥‥ 小さじ1
エンダイブ‥‥‥‥‥‥‥‥‥‥‥‥‥ 4枚
イクラ‥‥‥‥‥‥‥‥‥‥‥‥‥‥‥ 適量

Recette 作り方

1. 豆腐はキッチンペーパーで包み、冷蔵庫に入れて3時間おき、水きりする。
2. フードプロセッサーに**1**とクリームチーズ、わさび、しょうゆを入れて、なめらかにする。
3. 2を絞り袋に入れて、エンダイブの上に絞りだし、イクラを飾る。

パイのバトネ (p.77)
Bâtonnets croustillants

冷凍のパイシートで作る棒状のパイです。エルブ・ド・プロバンスをふりましたが、好みのハーブ、またはごま、粉チーズなど、どれかひとつでも！

Ingrédients 材料（作りやすい分量）

冷凍パイシート‥‥‥‥‥‥‥‥‥‥‥ 1枚
溶き卵‥‥‥‥‥‥‥‥‥‥‥‥‥‥‥ 少々
ミックスハーブ（p.59）‥‥‥‥‥‥‥ 適量
塩‥‥‥‥‥‥‥‥‥‥‥‥‥‥‥‥‥ 少々

Recette 作り方

1. オーブンは180℃に予熱する。
2. 冷凍パイシートは少し解凍して、幅1.5×長さ10cmの棒状に切る。
3. 天板にクッキングシートを敷いて、その上に**2**を並べ、表面に溶き卵を塗り、ハーブと塩をふる。
4. オーブンで約15分焼く。

ホタテのグラタン (p.77)

Gratin de saint jacques

日本でもコキーユ・サンジャックとしてなじみのあるグラタンです。ホワイトソースではなく、
たっぷりの生クリームと卵黄、チーズのソースなのでとてもリッチな味わい。レモンの皮のすりおろしを入れるのが、
隠し味。ほうれん草のソテーを組み合わせたり、ホタテの代わりにサーモンやエビでもおいしく作れます。

Ingrédients 材料(2人分)

- ホタテ貝柱 ……………………………… 5個
- 白ワイン ………………………………… 100ml
- グラサージュ
  - 生クリーム ……………………………… 300ml
  - 卵黄………………………………………… 1個分
  - おろしパルメザンチーズ ……………… 大さじ2
- レモンの皮のすりおろし ……………… 少々
- 塩・こしょう …………………………… 各適量

Recette 作り方

1. ホタテは厚みを半分に切り、塩とこしょうをふる。
2. 鍋に白ワインを入れて火にかけ、煮立ったら **1** を
入れ、色が変わったらすぐホタテを取り出す。
3. 2 の鍋に生クリーム 150ml を加えてとろみがつくま
で煮詰め、塩とこしょうで味を調えて火を止める。
4. グラサージュを作る。ボウルに生クリーム 150ml
を入れて泡立てる。九分立てになったら残りの材料を
加え混ぜ、さらに **3** の煮詰めたクリームを加え混ぜる。
5. ホタテの殻か、小さめのグラタン皿に **2** のホタテを
並べ、全体を覆うように **4** をたっぷりかけ、レモンの
皮と塩少々をふる。
6. オーブントースターに入れ、3 〜 5 分、表面にこん
がりと焼き色がつくまで焼く。

A. グラサージュは、泡立てた生クリームと煮詰めた生クリームを合わせて濃厚な味に。**B.** 全体を覆うように たっぷりグラサージュをかけて焼きます。

Point

ラップを敷いた型にかぼちゃをギュッギュッと詰めて。

かぼちゃのテリーヌ (p.77)
Terrine de potiron

加熱したかぼちゃを型にギュッと詰めて冷やし固めただけで、おしゃれなテリーヌに。ちょっと酸味のあるバルサミコ酢入りソースを添えて。

Ingrédients 材料(2人分)

かぼちゃ	……………………………………	400g
バター	……………………………………	30g
塩	……………………………………	小さじ1/2

ソース
- しょうゆ …………………………………… 大さじ2
- バルサミコ酢 …………………………………… 大さじ1

重しをのせ、粗熱がとれたら冷蔵庫へ。

Recette 作り方

1. 型にラップを敷く。
2. かぼちゃは種を取り、大きめのくし形に切る。
3. フライパンにバターを入れて熱し、2 を弱火でじっくりと焦げつかないように時々返しながら焼く。芯までしっかりと火を通す。塩をふり、全体にあえる。
4. かぼちゃが熱いうちに 1 に隙間なく詰める。上からギュッと押さえ、ラップとアルミ箔をかけ、器や水を入れたペットボトルなどの重しをのせる。粗熱がとれたら、そのまま冷蔵庫に入れて 30 分以上冷やす。
5. ソースは材料を混ぜて作る。
6. 4 を型から取り出し、好みの厚さに切って、器に盛り、ソースをかける。

型から取り出して、好みの厚さに切る。

Dressage d'assiette   盛り付け
皿に豆腐とクリームチーズのわさび風味、パイのバトネ、かぼちゃのテリーヌを盛ってソースをかけ、ホタテのグラタンをのせ、ディルを飾る。

白ワインと
オープンサンドイッチでひと皿
Assiette au tartine

Menu

アスパラのベーコン巻き (p.84)
キャロットラペ (p.82)、きのこの豆乳スープ (p.82)
ラタトゥイユのオープンサンドイッチ　ポーチドエッグ添え (p.83)
チョコレートムース (p.84)

オープンサンドイッチでひと皿レシピ

フランスではタルティーヌと呼ばれて専門店もあるほど親しまれているオープンサンドイッチ。
白ワインとゆっくり楽しんでほしいフルコース仕立ての組み合わせです。

キャロットラペ (p.81)
Salade de carotte râpée

おなじみのにんじんのせん切りサラダ。作りおきができるので1回に最低1本分は作ります。肉や魚料理の付け合わせやサンドイッチに、と重宝します。

Ingrédients 材料（作りやすい分量）

にんじん	中1本
ドレッシング	
┌ 塩	小さじ1/3
白ワインビネガー	小さじ1
オリーブオイル	大さじ1
└ マスタード	小さじ1
レーズン	大さじ1

Recette 作り方

1. にんじんは皮をむき、包丁かスライサーでごく細めのせん切りにする。
2. ドレッシングを作る。ボウルに塩とワインビネガーを入れて混ぜ、塩が溶けたら、オリーブオイルを加えて混ぜる。最後にマスタードを加え混ぜる。
3. 2に1のにんじんとレーズンを入れてあえる。
※前日に作ると、味がよくなじむ。

きのこの豆乳スープ (p.81)
Soupe de champignons au lait de soja

季節によって、温かくても冷たくてもおいしくいただける、マッシュルームのスープ。どんな料理と組み合わせても合う定番の味。もちろん牛乳でも作れます。

Ingrédients 材料（2人分）

マッシュルーム	150 g
玉ねぎ	1/2個
バター	15g
乾燥ローズマリー	少々
豆乳	200ml
水	200ml
塩・こしょう	各適量
オリーブオイル	少々
飾り用フレッシュハーブ、またはマッシュルーム炒め	好みで適量

Recette 作り方

1. マッシュルームはさっと洗ってざく切りにする。玉ねぎは薄切りにする。
2. 鍋にバターを入れて熱し、玉ねぎを加えて炒める。しんなりしたら、マッシュルームとローズマリーを入れて炒め、軽く塩、こしょうし豆乳と水を加える。
3. 弱火で約15分煮る。マッシュルームに火が通ったらミキサーにかける。塩、こしょうで味を調える。
4. 器に盛り、オリーブオイルをたらす。好みでマッシュルームの薄切りを炒めて塩、こしょうしたものか、チャービルやパセリなどのフレッシュハーブを飾る。

ラタトゥイユのオープンサンドイッチ (p.81)

Tartine de ratatouille

ラタトゥイユは南仏のニース地方の郷土料理で、野菜の煮込みです。野菜は小さく切れば、付け合わせやタルトの具に。大きく切って作れば、メインのおかずにもなります。バゲットやパン・ド・カンパーニュなどのパンに盛り、ポーチドエッグや半熟の目玉焼きをのせると、見た目も映えます。

Ingrédients 材料（2人分）

ラタトゥイユ

玉ねぎ	1/2個
なす	1個
ズッキーニ	1本
パプリカ	1個
トマト	1個
にんにく	1片
オリーブオイル	大さじ2
トマトペースト	大さじ2
ローリエ	1枚
タイム	少々
塩・こしょう	各適量

ポーチドエッグ

卵	2個
水	500ml
酢	大さじ2

パン・ド・カンパーニュまたはバゲット	1.5cm厚さ2枚
飾り用フレッシュハーブ	適量

Recette 作り方

1. 野菜はすべて1cm角くらいに切り揃える。にんにくは皮をむく。

2. 鍋にオリーブオイルとにんにくを入れて熱し、香りが立ったら、玉ねぎを加えて炒める。

3. 玉ねぎがしんなりしてきたら、残りの**1**の野菜、トマトペースト、ローリエ、タイムを加える。

4. 弱火で15分くらい炒め煮する。野菜の歯応えが残るように仕上げたいので、かき混ぜすぎてペースト状にならないように注意する。

5. 塩、こしょうで味を調える。

6. ポーチドエッグを作る。卵は1個ずつ小ボウルに割り入れる。鍋に水を入れて火にかけ、沸騰したら酢を加える。

7. 湯に「の」の字を書くように軽く混ぜながら、卵を1個ずつそっと入れる。散らばった卵白は玉杓子を使って、手早く、そっと卵黄にかぶせるようにする。約3分火を通したら、すくい出して冷水につける。

8. キッチンペーパーの上に取り、水気をきる。

9. パンは軽くトーストし、温かいラタトゥイユを盛り、ポーチドエッグをのせる。好みで、タイムなどのフレッシュハーブを飾る。

●オーブンサンドイッチでひと皿レシピ

アスパラのベーコン巻き (p.81)
Asperges roulées au bacon

グリーンアスパラは太めのものを選び、さっと下ゆでしてからベーコンで巻きます。仕上げにおろしたパルメザンチーズをふると、よりワインに合う味に。

Ingrédients 材料(2人分)

グリーンアスパラガス………………………	8本
ベーコンの薄切り ………………………	8枚
おろしパルメザンチーズ ………………	適量
塩 ……………………………………	適量

Recette 作り方

1. アスパラはかたい部分を落とす。さっとかために塩ゆでし、水に取って冷まし、水気をきる。
2. アスパラにベーコンを巻く。フライパンを熱し、ベーコンの巻き終わりを下にして入れ、焼く。焼き色がついたら返し、全体に焼き色をつける。
3. 器に盛り、仕上げにパルメザンチーズをふる。

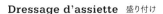

> **Dressage d'assiette** 盛り付け
>
> 皿にサンドイッチとアスパラのベーコン巻き、キャロットラペを盛り、別の器に入れたきのこのスープ、チョコレートムースを添える。

チョコレートムース (p.81)
Mousse au chocolat

牛乳と生クリームにチョコレートを溶かして冷やし、最後にホイップクリームを混ぜるだけの簡単デザート。クラッカーやビスケットを添えたり、のせても。

Ingrédients 材料(2人分)

セミスイートチョコレート ……………………	100g
牛乳 ………………………………………	80ml
生クリーム………………………………	170ml
飾り用ラズベリー……………………	好みで適量

Recette 作り方

1. チョコレートは小さく刻んでボウルに入れる。
2. 牛乳と生クリーム 70ml を 500W の電子レンジにかけて温める。沸騰したら **1** のボウルに注ぎ入れ、チョコレートを溶かす。なめらかになったら、そのまま冷ます。粗熱がとれたら冷蔵庫に入れ、3 時間以上よく冷やす。
3. 残りの生クリーム 100ml を九分立てにし、**2** に加え、全体を混ぜ合わせたら、器に盛る。飾りはお好みで、ラズベリーやいちご、オレンジなどを添えても。

白ワインと

イワシのガーリック香草焼きでひと皿

Assiette de sardines grillées au four à l'ail

Menu

トマトのバルサミコソテー (p.86)

アンチョビポテト (p.86)

イワシのガーリック香草焼き (p.87)

イワシのガーリック香草焼きでひと皿レシピ

フレッシュでさわやかな酸味のある白ワインには、魚介類や鶏肉、野菜の料理が合います。ここでは
イワシのフレンチスタイルに、トマトのソテーとアンチョビ風味のポテトが絶妙な組み合わせです

トマトのバルサミコソテー (p.85)

Tomate á la poêle

トマトをバルサミコ酢でマリネしてからフライパンで
焼きます。こうすると水分が抜けて甘みやうまみが
ギュッと濃縮。魚介や肉料理のいい付け合わせに。

Ingrédients 材料(2人分)

トマト	2個
バルサミコ酢	大さじ1
オリーブオイル	大さじ1
塩・こしょう	各適量
オレガノ(乾燥)	小さじ1

Recette 作り方

1. トマトは皮つきのまま 1cm 厚さの輪切りにする。
バットに並べ、バルサミコ酢をふりかけ、20分おく。
2. フライパンにオリーブオイルを入れて強火で熱し、
1 のトマトの汁気をきって入れ、両面をさっと焼く。
火を入れすぎるとグニャグニャになるので、形や歯応
えが残るように気をつける。
3. 塩とこしょうで味を調え、オレガノをふる。

アンチョビポテト (p.85)

Pomme de terre anchois

アツアツのゆでじゃがいもにアンチョビとオリーブを
あえるだけの簡単料理ですが、ワインのおともにぴっ
たりの味わい。オリーブは種なしが扱いやすいです。

Ingrédients 材料(2人分)

じゃがいも	中2個
アンチョビ	4切れ
黒オリーブ	4個
塩・こしょう	各適量
パセリのみじん切り	小さじ1

Recette 作り方

1. じゃがいもは皮をむいてひと口大に切る。アンチョ
ビと黒オリーブは粗いみじん切りにする。
2. 鍋にじゃがいもとかぶるくらいの水を入れて火にか
け、ゆでる。じゃがいもがやわらかくなったら、ざる
に上げて水気をきり、ボウルに入れる。
3. じゃがいもが熱いうちに、アンチョビと黒オリーブ
を加えてあえ、塩とこしょうで味を調え、器に盛る。
4. 仕上げにパセリのみじん切りをふる。

イワシのガーリック香草焼き (p.85)

Sardines grillées aux four à l'ail

イワシのフライもオリーブオイルをかけてオーブンで焼くとフレンチスタイルに。フライパンなら、フライの要領で、薄力粉、卵、パン粉の順に衣をつけて揚げ焼きにしましょう。ミックスハーブがなければ、お好きな香りのドライハーブか、生のパセリのみじん切りでも。

Ingrédients 材料(2人分)

イワシの開き	4枚
塩・こしょう	各適量
パン粉	1/2カップ
にんにくのみじん切り	1/2片分
ミックスハーブ(p.59)	小さじ2
オリーブオイル	大さじ2
レモンのくし形切り	2個

Recette 作り方

1. オーブンは200℃に予熱する。
2. 耐熱皿にオリーブオイル大さじ1を入れ、底面全体に薄くのばす。イワシを皮が下になるように並べ、塩、こしょうをする。
3. パン粉ににんにくとミックスハーブを入れて混ぜる。
4. 2のイワシの上に3のパン粉をのせ、上からオリーブオイル大さじ1ずつを回しかける。
5. オーブンに入れて、10〜15分、パン粉にこんがりときれいな焼き色がつくまで焼く。
6. 器に盛り、レモンを添える。

> **Dressage d'assiette**　盛り付け
>
> 皿にイワシのガーリック香草焼きを盛り、トマトのバルサミコソテーとアンチョビポテトを盛り合わせる。

ロゼワインと
なすのロール焼きでひと皿
Assiette de aubergines roulées

Menu

ズッキーニのフリット (p.90)

ひよこ豆とセロリのポタージュ (p.90)

なすのロール焼き (p.91)

Point

焼いたなすにハムとチーズ、バジルをのせて巻きます。

巻き終わりを下にして、耐熱皿に並べ入れます。

トマトソースと細切りチーズをのせて、オーブンへ。

Partie 4 白ワインに合うひと皿   89

なすのロール焼きでひと皿レシピ

戸外の食事やランチなど、気軽な場面で白ワインと同じ感覚で楽しめるロゼワイン。
華やかな色、新鮮なフルーツの香りとさっぱりした味は、地中海料理などにとてもよく合います。

ズッキーニのフリット (p.88)
Frites de courgettes

日本のスーパーマーケットでもすっかりおなじみの
ズッキーニ。なすと同じ感覚で料理に使え、加熱する
とよりおいしくなります。

Ingrédients 材料(2人分)

ズッキーニ	1〜2本
衣	
┌ 薄力粉	大さじ3
│ 片栗粉	大さじ1
└ 冷水	50ml
サラダ油	適量
塩・こしょう	各適量

Recette 作り方

1. ズッキーニはへたを取り、10cm 長さに切ってから、
1cm 角ぐらいの棒状に切る。
2. 衣を作る。ボウルに薄力粉と片栗粉、冷水を入れて
軽く混ぜる。
3. フライパンに多めのサラダ油を180℃に熱し、ズッ
キーニを **2** の衣にくぐらせながら入れていく。
4. 1〜2分揚げて火が通ったら、キッチンペーパーに
取り、油をきってから塩、こしょうをふる。

ひよこ豆とセロリのポタージュ (p.88)
Velouté de pois chiches et céleri

日本ではガルバンゾーとも呼ばれるひよこ豆。世界各
国の料理で使われます。水煮缶やレトルトパックが出
回っていますが、乾燥豆ならゆでて使います。

Ingrédients 材料(2人分)

ひよこ豆水煮缶	1/2缶(約200g)
セロリ	1本
にんにくのみじん切り	1/4片分
オリーブオイル	適量
水	300ml
クミンパウダー	少々
塩・こしょう	各適量

Recette 作り方

1. ひよこ豆は缶から出し、ざるに上げて水気をきる(残
りを保存したい場合は冷凍)。セロリは乱切りにする。
2. 鍋にオリーブオイルを入れて熱し、にんにくを炒め
る。香りが立ったらセロリを加えて炒める。
3. セロリに火が通ったら、ひよこ豆と水を加え、強火
にし、煮立ったら中火にして約 15 分煮る。
4. **3** をミキサーにかける。なめらかになったら鍋に戻
し、再び中火にかける。
5. 煮立つ直前まで熱くなったら、クミンと塩、こしょ
うで味を調える。

なすのロール焼き (p.88)
Aubergines roulées

なすとオリーブオイルを使った料理のイメージはヘルシーな地中海風グラタン。のせるチーズは細切りのシュレッドタイプならどの種類でも。ハムの代わりにベーコンやミートソースを巻いてもおいしく作れます。なすが小さければ、ひと口大のロールにしてもかわいい仕上がりです。

Ingrédients 材料(2人分)

なす	中2個
オリーブオイル	適量
にんにくのみじん切り	1/2片分
トマトの水煮缶	1/2缶
モッツァレラチーズ	50g
ハムの薄切り	6枚
バジルの葉	適量
細切りチーズ	大さじ1
塩・こしょう	各適量

Recette 作り方

1. なすはヘタを取って縦に 7mm くらいの薄切りにして 6 枚用意する。皿かバットに並べ、塩少々をパラパラと全体にふる。20 分おいたら軽く塩を洗い流し、キッチンペーパーで水気を拭き取る。
2. フライパンにオリーブオイルを入れて熱し、なすを入れ、両面を焼く。しんなりしたら、取り出す。
3. 2 のフライパンににんにくを入れて炒め、香りが立ったら、トマトの水煮缶を加えて、くずしながらさっと煮る。塩、こしょうで味を調える。
4. モッツァレラチーズは好みの大きさに切る。ハムはなすの大きさに合うように切る。
5. オーブンは 200℃に予熱する。
6. 1 のなすの粗熱がとれたら、ハム、モッツァレラチーズ、バジルの葉 1 枚をのせ、くるりと巻く。巻き終わりを下にして耐熱皿に並べる。
7. 3 のソース、細切りチーズをのせ、オーブンに入れ、約 15 分、こんがりとアツアツになるまで焼く。
8. 好みでバジルの葉を飾る。

> ### Dressage d'assiette 盛り付け
> なすのロール焼きは、皿やトレーに鍋敷かナプキンを敷いてからおく。別の器に入れたズッキーニのフリットとポタージュを添える。

Partie 5

赤ワインに合うひと皿

Avec du vin rouge

赤ワインは軽やかなタイプから芳醇な重いものまで、いろいろなタイプがあります。とくに成分に多く含まれるタンニンが口の中に残る脂っこさを洗い流してくれる効果があるため、濃厚な料理との相性がいいのです。ワインが料理の味を引き立て、料理がワインの味を際立たせてくれます。あれこれ試してお好きな組み合わせを見つけるのも楽しいもの。ワンプレートの盛り付けなら、何種類かの料理をいただきながら、ワインとの相性を楽しむのにも向いています。

赤ワインと
パテ・ド・カンパーニュでひと皿
Assiette de pâté de campagne

Menu

洋梨とヘーゼルナッツのサラダ　ハニードレッシング (p.94)

パテ・ド・カンパーニュ (p.95)

いちじくのチャツネ (p.94)

きゅうりのピクルス、パン、チーズ（市販品）

パテ・ド・カンパーニュでひと皿レシピ

フランスのカフェやビストロのメニューに必ずといっていいほど見かけるパテ・ド・カンパーニュ。
作ってみると、意外に簡単。どんなタイプの赤ワインにも合います。

洋梨とヘーゼルナッツのサラダ
ハニードレッシング (p.93)

Salade de poires noisettes, vinaigrette au miel

ワインに合うサラダのポイントはナッツ。ヘーゼルナッツやくるみ、かぼちゃの種などを軽くローストして入れると、香ばしさと食感にワインがすすみます。

Ingrédients 材料(2人分)

ヘーゼルナッツなどのナッツ	適量
洋梨	1/2個
サラダ菜	ひとつかみ
アルファルファなど	ひとつかみ
ドレッシング	
塩	小さじ1/3
レモン汁	大さじ2
はちみつ	小さじ1
粒マスタード	小さじ1
オリーブオイル	大さじ2
こしょう	少々

Recette 作り方

1. ナッツはフライパンかオーブントースターで香ばしくローストして、冷ましておく。
2. 洋梨は、皮をむき、好みの大きさに切る。
3. 小ボウルにドレッシングの材料を入れ、よく混ぜ合わせる。
4. 器に洋梨、ちぎったサラダ菜、アルファルファをのせ、ドレッシングをかけ、**1**のナッツをふりかける。

いちじくのチャツネ (p.93)

Chutney de figues

チャツネはインドなど南西アジアの料理で、フルーツや野菜を酢やスパイス、砂糖を加えてジャム状に煮たもの。パテやチーズ、カレーの引き立て役に。

Ingrédients 材料(作りやすい分量)

いちじく	100g
りんご	1/4個分
レーズン	大さじ1
砂糖	20g
白ワインビネガー	大さじ2
水	大さじ1
おろししょうが、赤唐辛子	各少々
レモンの皮のすりおろし	少々
シナモン	少々

Recette 作り方

1. いちじくは軸を除き、皮ごとひと口大に切る。りんごはいちょう切りにする。
2. 鍋に **1** と残りの材料をすべて入れて弱火にかけ、コトコトととろみが出るまで煮る。

Dressage d'assiette 盛り付け

ボードにパテ・ド・カンパーニュ、チャツネ、あればきゅうりのピクルス（市販品）を添え、サラダと好みのチーズ、パンを盛り合わせる。

パテ・ド・カンパーニュ (p.93)

Pâté de campagne

パテというと、ハードルが高くなりますが、豚肉のハンバーグを型に入れてオーブンで蒸し焼きにするだけ。これがあるだけで、パリ風カフェの気分が盛り上がること請け合いです。甘くてスパイシーないちじくのチャツネや少し辛みのある粒マスタードを添えて。残ったら、バゲットサンドイッチにしても！

Ingrédients 材料(2人分)

にんにくのみじん切り　……………………1片分
玉ねぎのみじん切り　…………………… 1/2個分
サラダ油　……………………………………　適量
ブランデー(または白ワイン)　………… 大さじ1
豚ひき肉　……………………………………　350g
ベーコンの細切り　…………………………70g
卵　………………………………………………　1個
塩　………………………………………… 小さじ1
ナツメグ、オールスパイス、タイム、こしょう

……………………………………………………　各適量

Recette 作り方

1. フライパンにサラダ油を入れて中火で熱し、玉ねぎとにんにくを入れて、2 ～ 3 分炒める。
2. 玉ねぎがしんなりしたらブランデーを加え、強火にしてアルコール分を飛ばし、さっとからめて火を止め、ボウルに移す。
3. オーブンは 160℃に予熱する。
4. 2 の粗熱がとれたら、ほかの材料をすべて加え、粘りがでるくらいまで手でよく練る。
5. 型にアルミ箔を敷き、**3** を入れ、空気が入らないようによく押さえながら、ギュッと詰める。
6. バットに熱湯を 2cm 深さまで注いだところに **4** の型をおき、そのままオーブンに入れて約 50 分湯煎しながら焼く。
7. 指で押してみて弾力があれば、焼き上がり。オーブンから取り出して、アルミ箔をかけ、器やペットボトルなどをのせて重しをしながら冷ます。
8. 粗熱がとれたら、重しをはずし、冷蔵庫で冷やす。
9. 冷えたら、型から出して好みの厚さに切る。
※翌日のほうが、味がなじんでおいしくなります。

湯煎にして焼くと、口当たりがやわらかくなります。

A

B

C

A propos ④

愛すべき古い食器たち

古いお皿を重ねた時の、なんとも華奢なカチャカチャという音が好きです。昔は一つひとつ職人の手によって作られていたのでしょう。たとえばお皿をよく見ると使用後ばかりではなく、製造過程での傷があったり、微妙に歪んでいたり、釉薬が均等についていなかったり。ガラス製品は気泡が入っていたり、表面がゆらゆらしていたり、100% 完璧でないものがとても多いのです。

でもそんな不完全さも私にとっては魅力のひとつに思えてしまいます。食洗機は使えず、手洗いになりますが、一つひとつ大切に扱うよう心がけています。何かと慌ただしい毎日。食事ごとに古い食器を出して楽しむほどの余裕はないのですが、ゆったりした時間を楽しみたい時、ごちそうを作った時、余裕がないからこそ逆に心を落ち着けたい時に使用します。とびきりお気に入りの食器たちはすぐに取り出せる食器棚手前の方に、そして奥の方にしまっているものたちにも、時々話しかけてはニヤニヤしています。

さて、フランスの食器といったらやはりカフェオレボウルを思い浮かべるかと思いますが、フランスのお皿もさまざまな種類のものがあります。メイン用プレート（assiette plate）、スープ用深皿（assiette à soupe）、デザート皿（assiette à dessert）など。私はパティシエールですので、やはり食器棚にデザート皿が多い気がします。私の持っているお皿は大体 3 つのグループに分けることができます。

【A. ステンシルタイプ】 私が一番初めに集め始めたのは花柄などのステンシル（型抜き模様）タイプのケーキ皿でした。陶器でぬくもり感があり、マドレーヌやクッキーなど素朴なお菓子をよくのせます。18cm 前後の小さめのお皿が多いです。

【B. トランスファータイプ】 19 世紀末ごろに多く作られた転写模様の食器。ブルーやグリーン系の植物や風景の絵柄が多いのですが、なかにはモーヴや赤もあります。現在、フランスでは（日本もですよね？）この手のお皿がとても人気で、この皿に盛り付けると不思議とフランスっぽくおしゃれに見えるような気がするのです。

【C. 白い無地】 何にでも合う究極のお皿といえば、白。ただし白といってもアイボリーだったりグレーがかった白だったり、ベージュに近い白だったり。また、エンボスの柄のあるもの、レースのような縁のもの、光が当たると微妙に変化して表情が豊か、とても奥が深いのです。ぬくもり感のある陶器が多いのですが、磁器もあります。そしてもちろん無地は、何をのせても映えます。

一枚一枚、思い入れのあるこの食器たちをその日の気分や用途別に使い分けて日々の食卓に登場させています。使うたびにちょっとうれしくなり、飽きることがありません。

赤ワインと

パンペルデュ・サレでひと皿

Assiette de pain perdu salé

Menu

キヌアのサラダ (p.98)

ロケットのサラダ　フレンチドレッシング (p.98)

パンペルデュ・サレ (p.99)

オレンジ

パンペルデュ・サレでひと皿レシピ

甘くない塩味のフレンチトースト、パンペルデュ・サレ。ハムとチーズが定番ですが、赤ワインにはブルーチーズと洋梨もおすすめ。キヌアのサラダとグリーンサラダを添えて。

キヌアのサラダ (p.97)
Salade de quinoa

プチプチとした食感のキヌアは南米産の穀物。ヨーロッパや日本でもダイエットや健康食で注目のスーパーフード。ゆでるだけなので気軽に！

Ingrédients 材料(2人分)

キヌア	1カップ
ミニトマト	5〜6個
きゅうり	1本
パセリ	適量
レーズン	大さじ1
フレンチドレッシング	
塩	小さじ1/3
こしょう	適量
白ワインビネガー	大さじ1
レモン汁	大さじ1
オリーブオイル	大さじ2

Recette 作り方

1. 鍋に湯を沸かし、キヌアを入れる。約10分ゆでたら、ざるに上げて水気をきる。
2. トマト、きゅうりは粗みじん切りにする。パセリはみじん切りにする。
3. ドレッシングを作る。ボウルに塩、こしょうとワインビネガー、レモン汁を入れて混ぜ、塩が溶けたらオリーブオイルを加えて混ぜる。
4. 1のキヌアの粗熱がとれたら、別のボウルに入れ、2の野菜とレーズン、3のドレッシングを加え混ぜる。
5. 冷蔵庫に入れてよく冷やす。
※2〜3日作りおきできるので、前日に作ると味がよくなじむ。

ロケットのグリーンサラダ フレンチドレッシング (p.97)
Salade roguettes, vinaigrette à la française

シンプルなグリーンサラダは、口直しにぴったり。キヌアと同じ基本のドレッシングでシンプルに仕上げます。軽くあえるか、かけるかはお好みで。

Ingrédients 材料(2人分)

ロケット(ルッコラ)	適量
ラディッシュ	2個
フレンチドレッシング	
塩	小さじ1/3
こしょう	適量
白ワインビネガー	大さじ1
レモン汁	大さじ1
オリーブオイル	大さじ2

Recette 作り方

1. サラダ用の野菜は洗って、水気をよくきり、ひと口大にちぎる。ラディッシュは洗って水気を拭き、茎を取って薄切りにする。
2. ドレッシングを作る。ボウルに塩、こしょうとワインビネガー、レモン汁を入れて混ぜ、塩が溶けたらオリーブオイルを加えて混ぜる。
3. 1の野菜を食べる直前にドレッシングであえるか、器に盛ってからかけていただく。

パンペルデュ・サレ (p.97)
Pain perdu salé

表面をカリッと仕上げたいので、フライパンで焼いてからオーブントースターに入れます。ふんわりがお好きならオーブンで焼きましょう。洋梨の代わりにりんごでも。食感とフルーツの甘みがチーズとよく合います。ブルーチーズが苦手なら、ピザ用のチーズで試してみてください。

Ingrédients 材料（2人分）

アパレイユ

┌ 卵	……………………………………	2個
│ 牛乳	……………………………………	100ml
└ 塩	……………………………………	小さじ1/2
食パン	……………………………………	8枚切り4枚
ロースハム	……………………………………	2枚
スライスチーズ	……………………………………	2枚
洋梨の薄切り	……………………………………	1/2個分
ブルーチーズ	……………………………………	適量
バター	……………………………………	適量
スライスアーモンド	……………………………………	適量

Recette 作り方

1. アパレイユを作る。バットに卵を割り入れ、牛乳と塩を加えてよく混ぜる。

2. 食パンは片面に薄くバターを塗る。2枚1組にする。1組はハムとスライスチーズを挟み、もう1組は洋梨を並べ、ブルーチーズを小さくして散らしたもの挟んでサンドイッチにする。

3. 2 を **1** のアパレイユに入れる。片面2〜3分、返して2〜3分つける。

4. フライパンにバター大さじ1/2を入れて熱し、バターが溶けたら **3** のサンドイッチを入れて焼く。2分ぐらい焼いて軽く焼き色がついたら返して両面を焼く。

5. アルミ箔の上に **4** をのせ、スライスアーモンドを散らし、オーブントースターでさらに2分ほど焼く。アーモンドが香ばしくなれば焼き上がり。半分に切って、それぞれの器に盛る。

Dressage d'assiette 盛り付け

皿にパンペルデュ・サレをグリーンサラダと別の器に盛ったキヌアのサラダを添える。好みでオレンジやベリーなどのフルーツを盛り合わせる。

赤ワインと
レンズ豆とソーセージの煮込みでひと皿
Assiette de ragoût de lentilles et saucisses

Menu

チーズスコーン (p.101)
きのこのマリネ (p.102)
レンズ豆とソーセージの煮込み (p.102)

レンズ豆とソーセージの煮込みでひと皿レシピ

重めのしっかりした赤ワインに合わせたメニューです。煮込んでとろりとしたおいしさは
レンズ豆ならでは。きのこのマリネとチーズスコーンを添えてワンプレートにすると、カフェ風に。

チーズスコーン (p.100)
Scones au fromage

サクッとしたスコーンは、円盤状に成形してから切って焼くスタイルだと簡単です。シブレットは極細のねぎのような
ハーブ。代用は、パセリやバジル、万能ねぎを。ここで入れるチーズはとろりと溶けないチェダーチーズやプロセスチー
ズを使います。食卓に出すときに冷めていたら、電子レンジで少し温めて食卓へ。

Ingrédients 材料（作りやすい分量）

バター（食塩不使用）	30g
ハードタイプのチーズ	30g
薄力粉	100g
砂糖	小さじ1
塩	小さじ1/4
ベーキングパウダー	小さじ1/2
ヨーグルト	50g
シブレットの小口切り	大さじ2

Recette 作り方

1. オーブンは180℃に予熱する。

2. チーズとバターは1cmの小角切りにする。バター
は冷たい状態にしておく。

3. ボウルに薄力粉とバターを入れ、手でこするように
して混ぜる。全体に均一になったら、砂糖、塩、ベー
キングパウダーも加えてさらに同様に混ぜ、サラサラ
の状態になったらチーズを加え混ぜる。

4. ヨーグルトとシブレットも加えて混ぜたら、ひとま
とめにする。2cm厚さの円盤状に整え、4等分に切る。

5. 天板に4を並べ、オーブンで約15分焼く。

Point

ヨーグルトとシブレットを加えたら、ひとまとめにして、
2cm厚さの円盤状に整え、4等分してから焼きます。

●レンズ豆とソーセージの煮込みでひと皿レシピ

きのこのマリネ (p.100)
Champignons marinés

きのこはお好きな組み合わせで。火が通りすぎると、クタッとしてしまうので、歯応えが残る程度にさっと炒めるのがコツ。2〜3日は作りおきできます。

Ingrédients 材料(2人分)

きのこ(しめじ、椎茸、エリンギなど) ……… 250g
にんにくの薄切り ………………… 1/2片分
オリーブオイル ……………………… 大さじ2
白ワイン ……………………………… 大さじ2
酢 ……………………………………… 大さじ2
塩 ……………………………………… 小さじ1/2

Recette 作り方

1. きのこは石づきを取り、大きいものは食べやすい大きさに切るかちぎる。
2. フライパンにオリーブオイルを入れて熱し、にんにくを炒める。
3. 香りが立ったら、きのこを加え、さっと炒める。
4. 白ワインと酢、塩を加え、1〜2分炒めたら火を止め、容器に移す。粗熱がとれたら、冷蔵庫に入れてよく冷やす。保存は冷蔵庫で2日〜3日。

レンズ豆とソーセージの煮込み (p.100)
Saucisse aux lentilles

レンズ豆は小粒なので30分煮るだけで完成。ソーセージは、粗びきで大きめのものを選んで。味つけはシンプルですが、深い味わいに仕上がります。

Ingrédients 材料(2人分)

玉ねぎ ………………………………… 1/2個
にんじん ……………………………… 1/4本
レンズ豆 ……………………………… 120g
粗びきソーセージ …………………… 大4本
サラダ油 ……………………………… 大さじ1
水 ……………………………………… 400ml
塩・こしょう ………………………… 各適量
飾り用パセリのみじん切り ………… 少々

Recette 作り方

1. 玉ねぎはみじん切り、にんじんは1cmぐらいの乱切りにする。粗びきソーセージは破裂しないように楊枝で数か所穴をあける。
2. 鍋にサラダ油を中火で熱し、玉ねぎを炒める。
3. 透き通ってきたら、にんじんとレンズ豆を加え、さっと炒める。
4. 分量の水を注ぎ、煮立ったら弱火にして、ソーセージを加える。30分くらい煮る。途中、汁が足りないようなら、焦げないように水を足す。
5. レンズ豆にとろみがついたら、塩とこしょうで味を調える。
6. 器に盛り、好みでパセリをふる。

Dressage d'assiette 盛り付け
皿にレンズ豆とソーセージの煮込みを盛り、パセリをふる。チーズスコーンと別の器に盛ったきのこのマリネを添える。

キッチンクロスとテーブルナプキン

食器用ふきん、キッチンクロスのことをトーション（Torchon）と呼びます。昔のものは生成りの麻で出来ていて、無地もありますが、フランスでは赤いラインまたは赤のチェックのものや端の方に小さくイニシャルが刺繍されたものをよく見かけます。大きさはおよそ 50×70cm くらいの大判の長方形タイプです。扱う食器の大きさも日本に比べて大きいので、当然のことかもしれません。

イギリスやスイス、ベルギー、ドイツなどでも似たようなトーションを見つけることができますが、生地の種類や色、大きさなどの特徴がほんの少しずつ違うようです。

フランスのトーションは、綿よりも麻の生地が多く、麻といっても、いわゆる洋服の生地やテーブルクロスに使うリネンではなく、ヘンプが使われています。ヘンプのトーションはとても丈夫で吸水性にも優れていてガンガン使っても平気です。また、けば立ちもあまりないので、グラス類を拭くのにとても便利です。はじめはゴワゴワした手触りですが、使うほどに柔らかく風合いも増してきます。綿との混紡タイプもあります。

数年前にマミ・ガトーのオリジナルのトーション

をあるリネン会社に作製してもらったのですが、担当の方によると、昔風の肉厚のしっかりしたトーションは作るためのコストや時間がかかり過ぎるため、時代とともに作らなくなってしまったのだとか。確かに、今は使い捨てのキッチンペーパーもあり、様々なかわいいデザインのものも安価で手に入れることができますから、需要がなくなるのも仕方のないことなのかもしれません。

一方、テーブルナプキン（食事用の口拭き）は、Serviette de table という呼び名で、素材は綿が中心で、色は白が基本です。少し光沢のあるようなダマスク織の柔らかい生地が使われることが多いです。刺繍のイニシャルもトーションとは比べものにならないくらいエレガントな仕上がりになっています。テーブルナプキンはテーブルクロスとお揃いのことが多く、昔はお嫁入り道具のひとつとしてセットで母から娘に持たせたと聞いたことがあります。

トーションやテーブルナプキンも現代のもの、ブロカントのものがあり、それぞれ魅力的です。蚤の市できれいに使いこまれた布類やナプキンリング、カトラリーなど、食卓まわりの小物を見つけたら、日々の暮らしに取り入れては楽しんでいます。

赤ワインと

鶏肉と栗のスープでひと皿

Assiette de soupe au poulet et châtaignes

鶏肉と栗のスープでひと皿レシピ

20分煮込むだけの具だくさんのスープに、りんご入りのコールスローサラダ、ふわふわの
手作り豆腐パン。軽い赤ワインから重めまで、どんなタイプの赤ワインにも合う組み合わせです。

ふわふわ豆腐パン (p.104)
Petit pain au Tofu

発酵不要で、すぐ焼ける超簡単パン！ ごま入りなのでごま油入れていますが、オリーブオイルやサラダ油、溶かしバター
にすると風味を変えられます。プレーン、チーズやベーコン入り、おやつなら生地に砂糖を大さじ1くらい増やしてレー
ズンやチョコチップを入れて作ってみてください。

Ingrédients 材料（作りやすい分量）

絹ごし豆腐 ……………………………	120g
砂糖 …………………………………	大さじ1
塩 ……………………………………	小さじ1/2
強力粉 ………………………………	150g
ドライイースト ……………………	3g
ベーキングパウダー ………………	小さじ1
ごま油 ………………………………	大さじ1
黒いりごま…………………………	大さじ2

Recette 作り方

1. オーブンは180℃に予熱する。

2. 大きめの耐熱容器に水気をきった豆腐を入れ、フォークで軽くくずす。そのまま500Wの電子レンジで約1分加熱する。

3. 砂糖と塩を加えてさっと混ぜたら、残りの材料をすべて入れ、ひとかたまりになるまで手でこねる。この時、手がべたつくようなら、強力粉（分量外）を少し足す。

4. まとまったら6等分してそれぞれ丸め、天板に並べる。上から強力粉（分量外）少々をふる。

5. オーブンに入れ、約12分焼く。

ふんわりやわらか！ 強力粉をふって焼くと、白く焼き上がります。

●鶏肉と栗のスープでひと皿レシピ

紫キャベツとりんごのコールスロー (p.104)
Salade de choux rouge et pommes

紫キャベツは、赤キャベツともいわれ、サラダやマリネ向きです。酢に漬けると色も鮮やかに。普通のキャベツより水分が少ないので、りんごと合わせるとよりおいしくいただけます。くるみなどのナッツ類をサラダに散らす時は、一度オーブントースターかフライパンで香ばしくローストして粗熱をとったものを使いましょう。

Ingrédients 材料（作りやすい分量）

紫キャベツ	200g
りんご	1/4個
くるみ	5個
塩	適量

ドレッシング

塩	小さじ1/4
レモン汁	小さじ1
こしょう	少々
マスタード	小さじ1
オリーブオイル	大さじ1

Recette 作り方

1. 紫キャベツは、太い芯を除き、2mm幅のせん切りにして、ボウルに入れる。塩ひとつまみをふって混ぜ、5分ほどおく。

2. 少ししんなりしたら、軽く絞り、水気を拭いたボウルに戻す。

3. りんごは皮つきのまま芯を取り、紫キャベツと同じくらいのせん切りにして、**2**に加えて、混ぜる。

4. ドレッシングを作る。小ボウルに塩、こしょうとレモン汁を入れて混ぜ、塩が溶けたらマスタードとオリーブオイルを加えて混ぜる。

5. 3に**4**のドレッシングを回しかけ、全体をあえる。冷蔵庫に入れて20分以上冷やす。

6. くるみはオーブントースターかフライパンでローストし、キッチンペーパーにのせる。粗熱がとれたらざく切りにする。

7. 器にコールスローを盛り、**6**のくるみを散らす。

鶏肉と栗のスープ (p.104)

Soupe au poulet et châtaignes

コクと旨みの詰まったスープですが、煮込み時間は15分から20分！ あっという間に作れます。甘味があってホクホクしている栗がポイント。市販のむきゆで栗やむき甘栗なら手軽です。もちろん、さつまいもや里いも、じゃがいもでも作れます。鶏肉は煮込みすぎるとかたくなるので、20分ぐらいがおいしい目安です。

Ingrédients 材料（2人分）

鶏もも肉	200g
薄力粉	大さじ1
玉ねぎ	小1個
しめじ	1パック
サラダ油	大さじ1
むきゆで栗	8個（約60g）
白ワイン	大さじ1
水	2カップ
ブイヨンキューブ	1個
ローリエ	2枚
タイムの葉	少々
塩・こしょう	各適量
飾り用パセリのみじん切り	少々

Recette 作り方

1. 鶏肉はひと口大に切って、塩とこしょうをふり、薄力粉を軽くまぶす。玉ねぎは縦半分に切ってから薄切りにする。しめじは石づきを取る。

2. 鍋にサラダ油を入れて熱し、玉ねぎを加えて炒める。透き通ってきたら鶏肉を加えて炒める。

3. 肉の色が変わって白くなったら、しめじをほぐしながら加え、栗と白ワインも加える。鍋底についた薄力粉をこそげ取るようにしながら、さらに1分炒める。

4. 分量の水を注ぎ入れ、ブイヨンキューブとローリエ、タイムを加える。煮立ったら弱火にし、時々アクを取りながら鶏肉がやわらかくなるまで15〜20分煮る。

5. 塩とこしょうで味を調えて器に盛り、好みでパセリをふる。

Dressage d'assiette 盛り付け

皿にコールスローと豆腐パンを盛り、器に入れたスープをのせる。ぶどうなど好みのフルーツを添える。

感謝を込めて
Mille mercis

　この本は、中村江里子さんのライフスタイル誌『セゾン・ド・エリコ』（扶桑社）の中に収められた「パリのママンのワンプレート & とっておきスイーツ」の連載からまとめたレシピ集です。2014年、最初にお話がきた時、私の専門はお菓子なので料理なんて無理、とお断りする予定でしたが、編集の髙場実乃さんから、フランスのママンのお手軽フランス料理をぜひ！ と熱い説得を受け、今日に至ります。江里子さんもお店に来ていただき、パリでの子育ての苦労や日常生活のことなどをお話しする機会があり、ああ、セレブなイメージの江里子さんもママンの顔を持った同志なんだなあ、なんて勝手にうれしく思ったりしました。

　軽い気持ちでお受けしたものの、日々仕事をしながらメニューを決め、レシピを書き、料理を作り、できたてのおいしそうな瞬間をカメラにおさめ、原稿を校正して、といった一連の作業は想像していたより大変でした。ただ、江里子さんの本に掲載するということで、少しでもパリっぽくかつおしゃれで簡単メニューを考えるよういつも心がけています。

　最初は夫に頼んでいた撮影も、ある時から自分自身で撮ることに。私は超がつくほど機械に弱くて、せっかく頑張って作った料理の写真も焦点がブレていて使えず、後日すべて作り直し、撮り直しということも幾度かありました。

　そして、そんな奮闘をここに一冊の本としてまとめることができました。

　編集の坂口明子さんには、日仏の時差にもかかわらず、慣れないZoomで何回もミーティングし、いつも温かい励ましの言葉をかけていただき、本当にありがとうございました！ また以前パリのお店にもいらしたことのあるというご縁のデザイナーの佐々木啓光さんが、素敵な本に仕上げてくださいました。心から感謝します！ そしてそして、毎回試作、失敗した数々の料理もうつむきながら無言で食べ続けてくれた（笑）家族にもMerci！

　さて、これで終わったわけではなく…、

　今日は何を作ろうか？ と相変わらず食べることばかり考えている私です。

Mariko Duplessis

料理の作り方インデックス（アイウエオ順）
Index par Cuisine

Staff

料理制作・スタイリング・撮影／
マリコ・デュプレシ
撮影協力／Hervé Duplessis

アートディレクション＆デザイン／
佐々木啓光（Vivid. Design）

取材協力／髙塲実乃
校正／植嶋朝子
編集／坂口明子（扶桑社）

※本書は『セゾン・ド・エリコ』（扶桑社）
vol.1 〜 13 の連載に加筆修正、新規原稿を加え
てまとめました。

パリのひと皿ごはん

2021 年 6 月 28 日 初版第 1 刷発行

著者　　マリコ・デュプレシ
発行者　久保田榮一
発行所　株式会社扶桑社
〒 105-8070 東京都港区芝浦 1-1-1
浜松町ビルディング
電話　03-6368-8890（編集）
　　　03-6368-8891（郵便室）
www.fusosha.co.jp

印刷・製本　凸版印刷株式会社